おはなし新商品開発

―事例で分かるCRTや新商品開発スコアカードの威力!―

圓川隆夫・入倉則夫・鷲谷和彦　共編著

日本規格協会

はしがき

　本書は，2001年から3年間活動した日本ものづくり・人づくり質革新機構（JOQI）新商品開発部会での活動及び成果物をベースにしたものである．目まぐるしく変化する市場ニーズ，ますます高度化する技術，その中でスピーディに新製品を投入する必要性，一方で非正規社員の増加等々，企業を取り巻く環境は刻々と変化している．過去の成功体験だけに頼っていれば，たちまち市場からの退却を余儀なくされる．

　第1部は，このような変化に対応するために"何が"問題で，"何を"変えるべきか，それを探るCRT（Current Reality Tree：現状問題構造ツリー）という方法論とその考え方を，物語形式で解説したものである．企業あるいは開発現場は多くの問題を抱えている．しかしながら，その一つひとつに対処しても効果はない．それらの問題の背後にある根本的な原因である中核問題を探し当て，それを共有し，変えていくことで，一人ひとりの努力のベクトルを効果的な新商品開発に結集させることができる．新商品開発を起点とした企業経営の好循環メカニズムを生み出す土壌づくりを第1部は企図したものである．

　第2部は，新商品開発プロセスの効率的な推進のための戦略・戦術や手法を，セミナー参加という形式で，やはり物語風に解説したものである．まず簡易ベンチマーキング手法としての新商品開発スコアカードで強み，弱みを知るとともに，事業戦略から商品企画，そして源流で品質・コストを作り込む源流管理，さらに技術管理までの手法を，開発の流れに沿って紹介している．また個々の手法に

ついては，コラムを設けて平易な解説を行った．

　物語形式といえども本書の中で新たに開発した手法も多い．第1部のCRTは，エリヤフ・ゴールドラットの思考プロセスの中の手法であるが，その実施手順については我が国の状況にカスタマイズしたものである．また，カルタ式は，鷲谷和彦氏の完全なオリジナルであり，CRTを自社で数多く適用する中で考案されたものである．第2部の新商品開発スコアカードは，東京工業大学で開発したものを部会で改良したものであり，商品企画のスクリプトは，部会メンバーの加藤雄一郎氏によるものである．

　本書では直接は内容にふれていないが，開発したCRTや新商品スコアカードに基づき，実際の企業における実施や調査も行った．詳細は巻末の参考文献を参照されたい．このうち十数社について行ったCRTについて，中小企業から大企業に至るまで共通していえることは，最初は，事業特性や市場環境，顧客あるいはパートナー，技術やICT（Information and Communication Technology：情報通信技術）の問題が列挙されても，それらは表層的なものであり，論理的にさらに原因を追究していくと，企業内のそれぞれの組織上の問題に行き着く．すなわち，組織全体として全体最適をうたっているものの，どこかで"ねじれ"が起き，個々の努力が全体と齟齬をきたしているという共通の図式が抽出された．企業ごとに異なるその"ねじれ"とは，何も奇抜なものではなく，むしろ常識的なものである．それを意識的に特定し変えていくことこそ，愚直といえども新商品開発を成功させる秘訣である．

　本書を上梓するにあたり，まずJOQI新商品開発部会のメンバーの方々に謝意を表したい．特に，宮田知明氏には本書のプロトタイプ作成に多大な尽力をいただいた．さらに，高所から部会活動に指導・助言を賜ったJOQIの故高橋朗理事長，横田浩専務理事，

慈道順一事務局長（いずれも肩書は当時）に心より謝意を申しあげたい．最後に，編集校正だけでなく積極的に内容についてご意見をいただいた日本規格協会書籍出版課の末安いづみ氏に，お礼を申しあげる次第である．

2006 年 12 月

編著者を代表して　圓川　隆夫

目　　次

はしがき

第1部　経営革新の中核問題

プロローグ	13
1. コンサルタント高橋との出会い	15
2. "CRT" とは	17
3. いざ，CRT の開始	21
4. CRT の完成へ	37
5. 全体最適と部分最適のねじれ現象	48
6. ブレークスルーに向けた大事な一歩 ――キーパーソンの参画	51
7. ブレークスルー案と FRT	54
8. 松井印刷の改革のスタート	58
9. 補助ツール "カルタ"	60
エピローグ	67
〈付録〉カルタ	69

第2部　新商品開発を進めるヒント

プロローグ	75
1. 己を知り，敵を知ろう	76
2. 新商品開発のプロセス	94

3. 新商品開発のビジョンを作る ……………………………… 96
4. お客様の要望を商品仕様として具体化する …………… 104
5. 新商品の完成度を高める ………………………………… 110
6. 品質を確実に作り込む …………………………………… 113
7. スピードある開発を進める ……………………………… 117
8. 源流管理──究極の効率化概念 ………………………… 120
9. プロジェクトを確実に進める …………………………… 126
10. 試作品の試験評価を進める ……………………………… 127
11. 新技術を特許で知る ……………………………………… 131
12. "何を","何に"変えるか ………………………………… 133
エピローグ …………………………………………………… 147
〈付録〉特許情報の検索 …………………………………… 149

参 考 文 献 ……………………………………………………… 157
索　　　引 ……………………………………………………… 161

コラム

1. 思考プロセス　19
2. 因果関係を考えるポイント　22
3. CRT の作成ステップ　38
4. カルタを使用するメリット　66
5. 顧客満足　89
6. ベンチマーキングとベストプラクティス　91
7. 新商品開発の成功カーブ　97
8. SWOT 分析　98
9. プロダクトポートフォリオマネジメント　100
10. ロードマップ　103
11. 品質機能展開　106
12. 品質表の作成手順　108
13. FMEA の解析手順　112
14. FTA の解析手順　114
15. デザインレビュー　118
16. コンカレントエンジニアリング　121
17. PDPC　128
18. シックスシグマの活動手法　135

登場人物

阿部　一郎……町工場の2代目社長．
阿部純一郎……一郎の長男．技術者であり，目下経営を勉強中．

松井……松井印刷の2代目社長．阿部一郎と旧友．
堅岡……松井印刷の包材事業部長．変化を嫌う保守的な管理職．
新開……松井印刷の包材事業部企画開発課課長．松井印刷をよくしようという気持ちは誰にも負けない熱血漢．
山田……松井印刷の包材事業部生産技術課課長．ライン効率などの改善活動に従事．決められたことをこなす能力は抜群．
嵐田……松井印刷の技術担当役員．職人気質で創業以来，技術面から松井を支えてきた．
石川……松井印刷の営業部長．柔軟な思考の持ち主で，取引先の商社からスカウトされた．

米島……高橋のセミナーに参加．純一郎と同じような立場にある若手経営者．

高橋……コンサルタント．経営革新や新商品開発に精通している．

第 1 部

経営革新の中核問題

プロローグ

　阿部一郎，今年 66 歳になる．彼は，父から受け継いだ町工場の 2 代目社長である．幸い，小さいながら彼の会社は，親会社の発展とともに順調に業績を伸ばし，今では年商 40 億円，従業員 100 人の規模となり，地区の中小企業工業会の会長も務めている．
　「おはよう」といつものように，一郎は現場を回りながら，従業員に声をかけている．
　「おはようございまーす」と，返事がある．NC（数値制御）装置の加工状態から目を離さず，保全の班長が一心に調整作業をしているのが目に入った．その背後で，一郎の長男の純一郎が心配そうに腕組みをして，班長の作業を凝視している．
　「どうしたんだ？」
　「昨晩から，NC の調子が不安定らしく，不良品が散発しているんですよ」と純一郎が答える．
　「納入品の中に，不良品は混ざっていないだろうな」と，通い箱の縁を手でなぞりながら質問する．
　「それは，大丈夫です．今，ロットを止めて全数検査させていますから」
　「……未然防止が大切だ」一郎はややいらだった口調で，さらに質問を続けた．
　「管理図が示す範囲では，異常なしですよ」
　「なんで，分かったんだ？」
　「抜取検査でいつもと違うなって気がついたそうです」
　「初期の条件設定は確認したのか？」
　一郎は，この程度の問題に付き合っていられるかと思い，後を純一郎と保全の班長に任せて，その場を離れた．現場事務所のベンチ

に腰を下ろして，タバコに火をつけた．

　父から事業を受け継いで，20 年が経つ．女房とともにがむしゃらに働き，金策にも走り回った．銀行も中小企業に融資をしてくれた時代だった．昨今の技術革新，親会社からの新商品開発要請や，やっとの思いで開発した新商品の原価低減，納期短縮と，このところ頭の痛い難題ばかり．ここ数年，体力的な衰えもあり，長男の純一郎に経営のかなりの部分を担当してもらうようになっている．

　頼みとする親会社は東南アジアに生産拠点をもち，近々中国にも進出と聞く．当然，阿部の会社への単純な加工の注文が減少することは目に見えている．早く，新商品を出して，高く買ってもらわなくては，と内心焦っている．経営に陰りが見える前になんとか手を打たなければならない．

　「久しぶりに，松井と一杯飲むか……」と，一郎はつぶやいた．

　松井とは幼なじみで，彼は一流企業に勤めていたが，今では家業だった印刷会社を経営している．アイデアマンの彼は，小回りを武器にフットワークよく経営を進めている．

　「……確か，アイツのところは，コンサルタントに指導してもらったと言っていなぁ．どんなものか，聞いてみよう」

＊

　「やぁ，阿部．久しぶりだなぁ．まぁ，駆けつけ一杯」

　なじみの居酒屋のカウンターで，世間話が一段落したところで，阿部はこう切り出した．

　「松井のところで，以前コンサルタントに診断してもらったとか，言っていたな．あれは何だった？」

　「あぁ，あれか．中小企業事業団の紹介でな，印刷の新分野開拓の相談をしたんだ．ところが，少々変わったコンサルタントでなぁ，わしに向かって，『あなたは自社の問題点がどこにあるのか分かっ

ていますか？』なんて言うんだ」

そういうと，松井はコンサルタントとのやり取りを語り始めた．

1. コンサルタント高橋との出会い

　松井の会社を簡単に紹介しておこう．松井印刷は，松井が社長をしている印刷会社である．オフセット印刷機，グラビア印刷機などの生産設備をもち，商業印刷，特殊印刷などに加え，ウイスキーなどの食品用紙ラベルや医薬品ラベルなどの包材印刷を展開している．年商150億円，従業員200名を抱える企業である．

　月曜の朝9時，松井が待つ社長室にコンサルタントの高橋は現れた．互いに一通りの挨拶を済ませると，松井は会社の現状を高橋に話し始めた．

　「バブルが崩壊してからというもの，包材事業の売上げが年々減少してきています．特に，不況の到来とともに，包材事業の主力商品だった缶や瓶に表示する食品用紙ラベルの売上げが年々減少しています．容器革命によるペットボトルの台頭などの市場の変化が第一の原因だとは思うのですが……．このままでは包材事業は赤字を垂れ流す一方になってしまう．そこで，今後の包材事業の方向性を見直し，新たな戦略のもとに再スタートを切りたいと思い，本日お越しいただいたというわけです」

　その後，松井は包材事業部の事業内容や現状などをできるだけ詳しく話した．

　「要するに，市場や環境が変化し，旧来の事業形態に限界を感じ始めた．そこで，生き残りをかけて"改革"をすべき時が来たということですね」

　松井の説明を黙って聞いていた高橋が初めて口を開いた．

「はい，そのとおりです．包材事業からの撤退も考えました」

「改革をする際に一番重要なことは，対症療法ではなく，本質的な問題解決を行うということです．松井さん，あなたは自社の本当の問題点がどこにあるか分かっていますか？」

高橋の唐突な問いに，ややいらだちながら松井は答えた．

「問題点ですか？　先ほど申しましたように，缶やウイスキーの瓶などに表示する食品用紙ラベルを取引先が買ってくれなくなったということではないでしょうか？」

「本当にそうでしょうか？　それは表面的な問題点かもしれませんよ」

「表面的な問題点ですか……」

「では，次回，包材事業部に根づいている本質的な問題点が何なのかを探るべく，御社の社員の方々に作業をしていただきたいと思います」

「私どもが作業をするんですか？」

「はい．作業に必要な道具は私がそろえます．作業に関して一つお願いがあります．作業にあたって，包材事業についてよく知っている人を3,4人集めていただけますか？　立場はできるだけ違う方々をお願いします」

そう言うと高橋は立ち去った．

「『本質的な問題点を探るべく作業をする』かぁ．我が社の問題点はみんな分かっているんだ．別に真新しいことなんて見つかりはしないだろう……」

松井は高橋に対して不安を募らせていった．

2. "CRT" とは

　数日後の午後，会議室では松井をはじめ，包材事業部の部長である堅岡，開発課課長の新開，生産技術課課長の山田が高橋の到着を待っていた．

　「では，包材事業部における本当の問題点，根底に根づいている問題点を探っていくことにしましょう．御社の本質的な問題点を発見する道具はこれです」

　そう言うと，高橋はかばんの中から手のひらほどの大きさのピンク，青，黄色のポスト・イット®製品と模造紙，紙でできた矢印，そしてなにやら文章が書かれた小さな紙切れを取り出した．

　「高橋さん，それが我が社の本質的な問題点を発見するための道具ですか？」

　ポスト・イット®製品，模造紙，紙矢印，文章が書かれた紙切れ．このIT革命が吹き荒れる世の中において，こんな紙切れを使って何ができるというのか．松井の頭を不安がよぎった．そんな松井の不安を横目に高橋は説明を続けた．

　「これから皆さんには，CRTという方法論を用いて本質的な問題点を発見してもらいます．これらの道具はCRT構築のためのものです」

　「CRTですか？」

　「では，CRTについて簡単に説明していきましょう．CRTは，Current Reality Treeの略で，現状問題構造ツリーと呼ばれるものです．この方法論は，普段皆さんが肌で感じている問題点を出発点とします．表面化している問題点の原因を可能な限り掘り下げていくことによって，根底に根づいている問題点を探り当てるものです．通常，表面化している問題点の原因を掘り下げていくと，一つか二

つの問題点に集約されます．この問題点を CRT では"根本原因"と呼び，特に全体の問題点の約 7 割をカバーする問題を"中核問題"と呼びます」（☞コラム 1　思考プロセス）

「ちょっと待ってください．我々は普段から問題点の改善活動を十分に行っています．それでも効果が出なくなってきたからあなたにコンサルティングを依頼したんです．今さら我々が問題点を探ることにどんな意味があるのでしょう？」

「では逆にお聞きしますが，御社が取り組んでいる改善活動によって，本当に本質的な問題を解決しているという確信はありますか？　目先の問題ばかりに資源を投じ，対症療法になってしまっているということは考えられませんか？」

「でも，効率を追求して改善活動をしていくことは当たり前のことでしょう？」

「なにも改善活動が必要ないとは言っていません．問題は，今この環境において，改善活動が本当に最優先して取り組まなければならない問題に対するものなのか，目先の問題を解決するだけの対症療法になっていないかということです．病気に対し，痛み止めなどの対症療法を行うと，短時間は見た目に症状は出ないかもしれません．しかし，その病気の本当の原因を取り除かなければ，その病気は再発してしまいます．これと同じで，表面的な問題点にだけ目を向けても何も解決するわけではなく，根底に根づいている問題点を解決して初めてその問題点が取り除けたといえるのではないでしょうか？　少なくとも，受注よりも生産キャパシティが上回っている状況でいくらラインの効率化を行っても，ライン効率という見た目上の指標は改善されるかもしれませんが，結果は在庫の増加や設備の遊休に結びつくだけでキャッシュフロー増には貢献しないですよね？」

コラム 1 ▶ 思考プロセス

CRT（Current Reality Tree：現状問題構造ツリー）とは，エリヤフ・ゴールドラットが提唱する TOC（Theory of Constraints：制約理論）と呼ばれる全体最適化を目指す“改善”理論の中にある“思考プロセス（Thinking Process）”手法の一つである．

TOC には，生産スケジューリングを中心とした生産性を改善する手法と，CRT に代表される“思考プロセス”の問題解決手法がある．

思考プロセスには，五つの問題発見や分析手法が考案されている．まず真の問題（中核問題という．）の発見として“何を変えるか”を，次に“何に変えるか”で解決策（ブレークスルー案）を出し，それを実行したらどうなるかを検証して，“どうやって変えるのか”とその実行計画立案へと順次進めるために一連の図的表現ツールがある．

問題への設問とそれに対応する思考プロセスのツールの対応を示す．

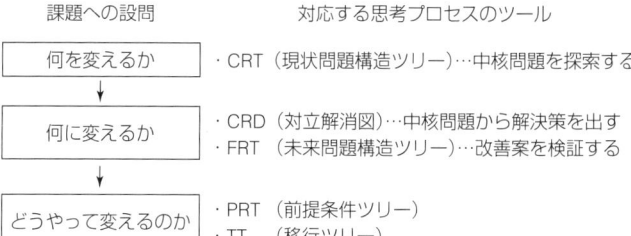

課題への設問	対応する思考プロセスのツール
何を変えるか	・CRT（現状問題構造ツリー）…中核問題を探索する
↓	
何に変えるか	・CRD（対立解消図）…中核問題から解決策を出す ・FRT（未来問題構造ツリー）…改善案を検証する
↓	
どうやって変えるのか	・PRT（前提条件ツリー） ・TT（移行ツリー）

CRT：	Current Reality Tree	（現状問題構造ツリー）
CRD：	Conflict Resolution Diagram	（対立解消図）
FRT：	Future Reality Tree	（未来問題構造ツリー）
PRT：	Prerequisite Tree	（前提条件ツリー）
TT：	Transition Tree	（移行ツリー）

「つまり,我々が現在取り組んでいることが部分最適になってしまっているということですか?」

「その可能性もあるということです.CRTという方法論は,普段皆さんが観察する問題点の大部分は本質的な問題ではなく,もっと根本的な問題の結果にすぎないという考え方に由来しています.つまり,企業活動において表面化している問題の根底に根づいている根本的な問題点を明らかにし,その問題点に資源を集中させることによって,最も効率的で最も有効な問題解決を行おうという考えです.改革のための問題発見ツールといっても過言ではないと思っています」

「なるほど.高橋さんのおっしゃることも理解できます.CRTで本当に有効な問題発見が可能となるかは分かりませんが,我が社の現状を考えると,本質的な問題解決が必要な時期にきていると言わざるを得ないようですね.CRTをやってみたいと思います」

「そうですか.では,説明を続けます.CRTでは,"If〜,then〜"という因果関係によって原因を掘り下げ,ツリーを構築していきます.これは,"もし〜ならば,〜になる"という関係であり,ある原因が存在するとそれによって必然的に結果が導かれるという関係を示すものです.言い換えれば,原因を除去すれば,その原因によって引き起こされていた好ましくない結果も必然的に解消するという関係です.このような"If〜,then〜"ルールに基づき,表面化している問題点の原因を掘り下げて,これ以上掘り下げることができないと判断される問題点にたどりつくまで因果関係の検証を行います.このように,厳密な因果関係に基づき原因を探索することによって,根本原因や中核問題が導き出されるのです」

「とりあえず,CRT構築の際に,常に念頭に置いていただきたい四つのポイントがありますので,現時点ではこのポイントを押さえ

てください」

　高橋は次の四つのポイントを説明した．(☞ コラム2　因果関係を考えるポイント)

① "If～, then～"の関係が成り立っているか
② その原因は本当に直接の原因か【因果関係の有無】
③ ある結果を導く原因はほかに存在しないか【原因の不十分性】
④ この原因だけで結果が起こるのか．他の原因が同時に存在するときだけ結果が導かれるのではないか【原因の追加】

　「それでは早速CRTを構築していきましょう．細かい方法，ルールなどは展開しながら説明していきます」

　こうして，包材事業部に根づいている根本的な問題点の探索が始まった．

3. いざ，CRTの開始

　「まず，最初にゴールを設定しましょう．今回は"包材事業部の売上げを増加させる"ということがゴールですよね？」

　高橋は改めて松井にたずねた．

　「はい，包材事業部を立て直すのが現状の課題です」

　「では，なぜ包材事業部の売上げが減少しているのか，ということに焦点を当てて作業を行っていきます」

　「包材事業部の売上げが減少しているのはなぜか，その根底に根づいている問題点を探っていくっていうことですね？」

　「そうです．まず，最初に，包材事業部における日常業務において，"日頃おかしいと思うこと，困っていること，悩みなどの表面

コラム 2 ▶ 因果関係を考えるポイント

CRT のような思考プロセスを進めるにあたっては，因果関係を正確に検証することが重要となる．そこで，因果関係の正確な検証のため，いくつかのポイントが提案されている．基本的なものとして，次の 4 点が重要である．

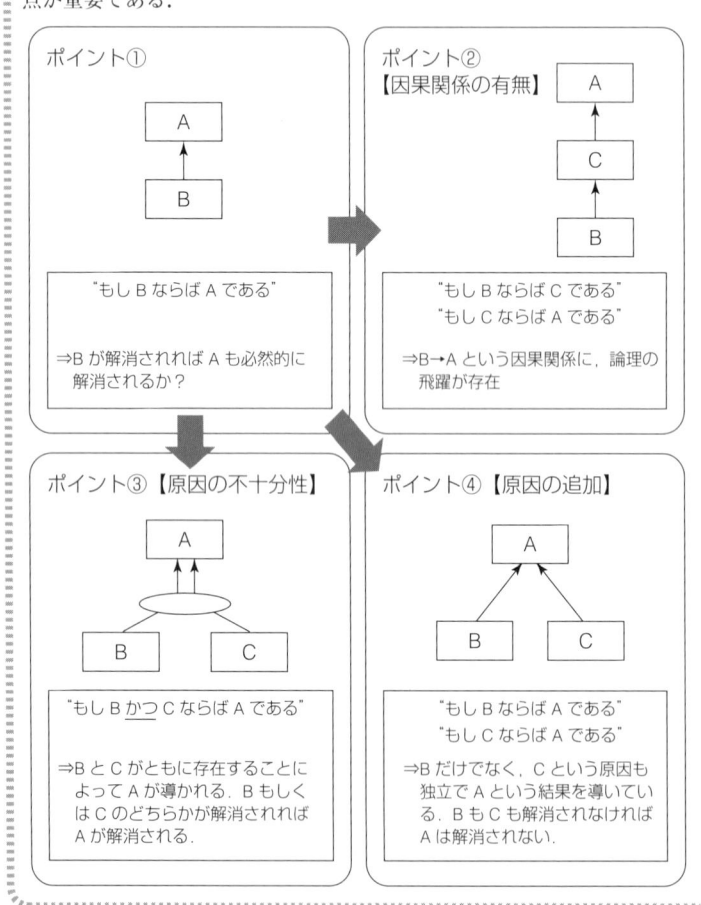

厳密には，CRL（Categories of Legitimate Reservation：正当な異議理由のカテゴリー）と呼ばれる八つの論理展開を検証するカテゴリーが準備されている．詳細は参考文献 [10] を参照のこと．

1. 明快性（Clarity）
   他の人にとっても，理解しやすいようにあいまいさを避けること
2. 実体性の存在（Entity Existence）
   意味のある主語―述語からなる文章であること
3. 因果関係の有無（Causality Existence）
   原因と結果の論理的関係（"if～, then～" 関係）があること
4. 原因の不十分性（Cause Sufficiency）
   他に必要な原因が不足していないこと
5. 原因の追加（Additional Cause）
   同じ結果に至る他の原因がないこと
6. 因果関係の逆転（Cause-Effect Reversal）
   原因と結果が誤った方向の矢印で結ばれていないこと
7. 予測される結果の存在（Predicted Effect Existence）
   原因から生じるはずの別の結果がないこと
8. 重複した表現（Tautology）
   論理展開に循環がないこと

化している問題点"を，このピンク色のポスト・イット®製品に書いていただきます．これを Undesirable Effect，すなわち UDE と呼びます．望ましくない結果とよく訳されていますね」

高橋は，ピンクのポスト・イット®製品を各自に 30 枚ずつ手渡した．

「UDE をスタートとして，本日集まっていただいた皆さん全員で議論し，本当の問題点を探っていきます．UDE 記入の際に注意していただきたい五つのポイントがあります」

高橋が話した UDE 作成の際の注意点は次の五つである．
① 文章の主語・述語を明確にする
② 普段感じていることを一般論ではなく，自分たちの言葉で具体的に書く
③ 誰が読んでも読みやすいように丁寧に書く
④ "〜だから，〜"，"〜なので，〜" のように複文にならないように書く
⑤ 当たり前だと思うことも積極的に書く

松井らは，高橋に言われたとおりに作業を進めていった．

10 分後，各自 10 枚程度 UDE を書いたところで，高橋は次のステップを説明した．

「それでは，次のステップに移ります．皆さんに書いていただいた UDE の中には，意味が重複しているものがあるかもしれません．そこで，同じことを言っていると判断できる UDE をまとめていきます．この際，意味が同じと思われるものは，適切な文章を考え，一つにまとめ，関連性があると思われる UDE 同士に関しては，模造紙の近い場所にまとめて配置していきます．そうすることによって，後の展開がしやすくなります」

3. いざ，CRT の開始

「KJ 法や親和図法のようにグルーピングしていけばいいんですよね？」と新開が問いかけた．

「そうです．それでは，どなたでも結構ですので，ご自分で書かれた UDE を読み上げていただけますか？ 読み上げられた UDE と同じ意味のもの，もしくは関連があると思われる UDE を書かれた方は，続いて UDE を読み上げ，それぞれの UDE が同じ意味かどうかを互いに確認・検証してください．これは，UDE を整理するとともに，それぞれの UDE の意義を全員で共有するという意義もありますので，少しでも疑問点があれば，自分なりに解釈せずに，積極的に議論してください．では，新開さん，どれでも結構なのでご自身が書かれた UDE を読み上げていただけますか？」

「はい，読めばいいんですよね．では，〈顧客の要求が不明確である〉」

「これと同じ意味の UDE を探せばいいんですよね？〈顧客が要求することをつかめていない〉というのは同じ意味なんじゃないかな」と山田が発言する．

この議論に高橋が口を挟んだ．

「新開さんがおっしゃった〈顧客の要求が不明確である〉というのは，どういう意味で書かれたものか，説明していただけますか？」

「明確に顧客の要求を理解していないということです．少なくとも，開発の人間は分かっていないと思います」

「では，開発の人間が顧客の要求をよく分かっていないということですね．山田さんがおっしゃった〈顧客が要求することをつかめていない〉は新開さんがおっしゃったことと同じ意味ですか？」

「ええ．ウチの人間が顧客の要求を理解していないという意味ですので」

「新開さんがおっしゃった文章だと，〈顧客自身が自分の要求を明確に分かっていない〉というようにも判断できますので，文章を適切な表現にする必要があります」

「では，〈開発が本当の要求品質が何なのかがよく分かっていない〉という文章でどうでしょう？」と新開が訂正する．

「その表現でよいと思います．僕の言いたかったこともそういうことです．ただ，開発に限ったことではないようにも感じるのですが」と山田が苦笑いする．

「堅岡さん，顧客の要求品質が分かっていないのは，開発に限ったことなんでしょうか？」

「うーん，個々の営業レベルで見れば，要求品質を分かっていると主張する人間もいるでしょうが，現状では，要求品質を商品に適切に反映できていないとみなせるでしょうね．そういう意味では全事業部的に要求品質を理解できていないと考えたほうがよいのかもしれません」

「ではお二人の文章を一つにまとめて，〈本当の要求品質が何なのかがよく分かっていない〉をUDEとしましょう」

高橋の進行のもと，UDEの整理が進められ，CRT展開のスタートとなる初期UDEが抽出されていった．作業の結果，各自が書き出したUDEは23枚にまとめられた（図1.1）．

「ではこれらの初期UDEを展開していきましょう．手始めに，どれでも結構なので，因果関係がありそうな二つを初期UDE群の中から探し出してみましょう」

高橋の進行に従って堅岡，新開，山田の3人は展開を開始した．

「"If～, then～"，"もし～ならば，～になる"っていう因果関係になっているヤツを探せばいいんですよね．だとすると，この二つの間には因果関係があるんじゃないかな？」

3. いざ，CRT の開始　　27

高付加価値ラベル商品の市場がシュリンクしている	フィルムラベルは，当社の担当範囲外だと思っている	食用油缶ラベルが減少している
ラベルの提案となっており，お客様工場ラインへのシステム提案となっていない	ラベル以外の簡単なカタログなどで売上げの数字を合わせていく	せっかく精密に作り上げてきた生産システムを整理するのはもったいない
X 社ラベルで売上げが減れば他企業のラベルを受注すればいいという営業の考え	個人ノルマには関係ないから面倒な開発商品を売りに行かない	開発部隊は X 社からの要望に処するのに時間が一杯一杯である
紙ラベル以外のことで相談を受けるということがあまりない	いつかまた高付加価値ラベル商品の需要が戻ってくると思っている	当社は紙ラベルに特化した印刷会社だと思われている
本当の要求品質が何なのかがよく分かっていない	高付加価値の紙ラベルで十分儲かってきた	市場調査をする仕組みがない
開発部隊は既存商品の初期流動管理に追われている	長期の不況で消費者が安い代替品に流れている	こちらから提案するということがほとんどない
長期の不況で企業の接待費が減少	給与の頭打ちで安い代替品に流れている	いまさらフィルムをやっても儲かるかどうか疑問
	ペットボトルに容器が移行してきた	競合他社に打ち勝つ技術を開発できるのか不安

図 1.1　初期 UDE

そういうと，新開は二つの UDE を指差した．

「では実際に，"もし〜ならば，〜になる"という規則に基づいてその二つの UDE を声に出して読んでいただけますか？ 読むことによって全員でその因果関係を共有してください」

「では読んでみます．『もし〈ペットボトルに容器が移行してきた〉ならば，〈食用油缶ラベルが減少している〉』，この二つには因果関係があると思うんですがいかがですか？」

新開が他の二人に問いただした．

「僕もこの二つには因果関係があると思います」

「私も問題ないと思います」

山田も堅岡もこの因果関係には異論がないようだ．

「確かにこの二つには因果関係がありそうですね．では最初にあげた因果関係構築の際の四つのポイントに則って確認してみましょう．まず，この因果関係は直接ですか？」

「直接というと？」

「因果関係があって論理の飛躍がないということです．その原因から直接結果が導かれているかどうかを考えてみましょう．例えば，『もし〈ペットボトルに容器が移行してきた〉ならば，〈紙ラベルの受注が減少している〉』，そして，『もし〈紙ラベルの受注が減少している〉ならば，〈食用油缶ラベルが減少している〉』という因果関係のほうがより自然だと思うのですが」

しばらく考えた後に堅岡が口を開いた．

「おっしゃるとおりだと思います．でもそんなことは当たり前のことだと思うんですが」

「最初に言ったように，CRT では当たり前だと思うことも展開しなければ意味がありません．当たり前だと思って省略した問題点を掘り下げていった結果，思いもよらない原因が根づいていることも

あるからです」

「なるほど．失礼しました」

「では，〈紙ラベルの受注が減少している〉というステートメントを新たに青色のポスト・イット®製品に書き出して，因果関係を矢印で示しておきましょう．矢印は，原因から結果に向けて引きます」

そういうと高橋は青色のポスト・イット®製品を取り出した．

「ステートメント……ですか？」堅岡が不思議そうな顔で問いかけた．

「あぁ，失礼しました．CRTでは，ポスト・イット®製品に書いてある文章を"ステートメント"と呼びます．今後，このケースのように，展開していく中で新たにステートメントを付け加える際には，初期UDEと区別するために，青色のポスト・イット®製品に書いていってください．いわゆる"注入カード"ですね」

山田が青色のポスト・イット®製品に〈紙ラベルの受注が減少している〉というステートメントを書き出した．

「この三つのステートメントの因果関係は，模造紙のどこに配置すればよいのでしょう？」

「現時点では，初期UDEを使って，展開の足がかりを作っている段階です．ですので，配置はあまり気にせずに適当に置いていってもらって結構です．あとで，厳密に展開していく際に必要があれば移動させましょう」

山田は，模造紙に三つのポスト・イット®製品を貼り付け，先ほど高橋が言った因果関係のとおりに紙矢印を置いた（図1.2）．

「他の初期UDEの中で，この系統において因果関係もしくは関連性がありそうなものはありますか？」

「この〈フィルムラベルは，当社の担当範囲外だと思っている〉

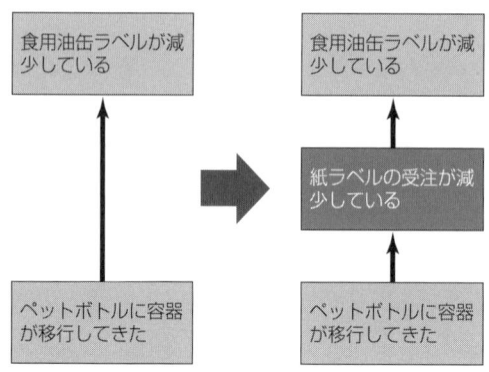

図1.2 UDE のツリー展開(1) 論理の飛躍解消

というのはどうでしょう？〈紙ラベルの受注が減少している〉だけで，〈食用油缶ラベルが減少している〉という結果が導かれているのではなく，〈紙ラベルの受注が減少している〉かつ〈フィルムラベルは当社の担当範囲外だと思っている〉から〈食用油缶ラベルが減少している〉のではないでしょうか？」と新開．

「皆さんいかがでしょう？」

「そのとおりだと思います」

「今，新開さんがおっしゃったことは，CRT では"原因の不十分性"の補完という意味で【and の関係】であるといいます．このように二つの原因が存在してはじめて結果が導かれるという因果関係はその矢印を楕円で結合することによって and を表します」

高橋は，矢印の上に紙で書かれた楕円を置いた（図1.3）．

「この二つも関係ありそうですね」

山田がステートメントを読み出した．

「『もし〈競合他社に打ち勝つ技術を開発できるのか不安〉ならば〈フィルムラベルは，当社の担当範囲外だと思っている〉』，『もし

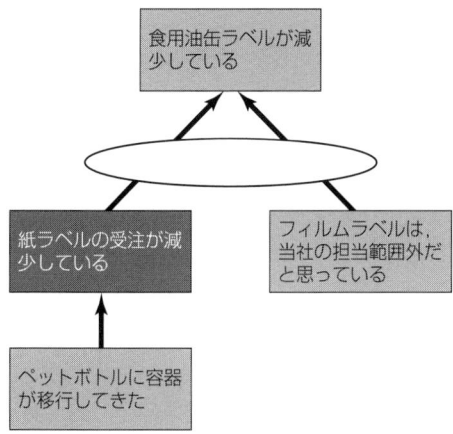

図 1.3 UDE のツリー展開 (2) and の関係

〈いつかまた高付加価値ラベル商品の需要が戻ってくると思っている〉ならば〈フィルムラベルは,当社の担当範囲外だと思っている〉』……」

山田が二つのポスト・イット®製品を矢印とともに模造紙に配置した (図 1.4).

「この二つは and の関係ですか? それとも or の関係ですか? and か or かを見分ける際には,どちらか一方の原因を解消すれば結果も解消されるのか,それとも両方を解消しなければ結果が解消されないのか,ということを基準に考えてみてください.前者が and の関係,後者が or の関係ということになります」

「この二つは,どちらか一方が解消すれば結果が解消されるという関係ではないように思います」

「うん,それぞれ独立して結果を導いていると考えられるなぁ」と遅ればせながら堅岡が割り込む.

32　第 1 部　経営革新の中核問題

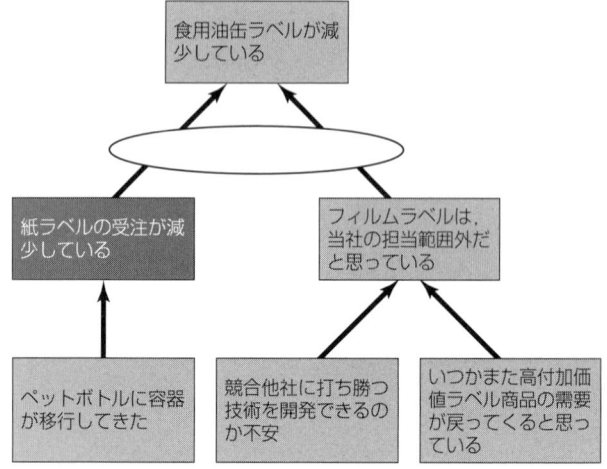

図 1.4　UDE のツリー展開 (3)

「では，これらは or の関係とみなして，楕円は加えないでおきましょう．ほかにこの系統に関連のありそうな初期 UDE はありますか？」

皆は初期 UDE 群を見据えたまましばらく考えこんだ．

「ぱっと因果関係や関連性があるものが見つからないようですね．では，この系統の吟味はまた後でしっかりやることにして，初期 UDE 群の中から，新たに関連のありそうなものを探して，別の系統を作っていきましょう」

このような作業を繰り返していった結果，初期 UDE 群から図 1.5 に示したような系統群が構築された．

「次に，各系統ごとに直感的に原因を掘り下げていきます．読み上げながら上から下へと因果関係を検証していきましょう．この時点ではあまり考え込む必要はありません．直感的にすぐに思いつく

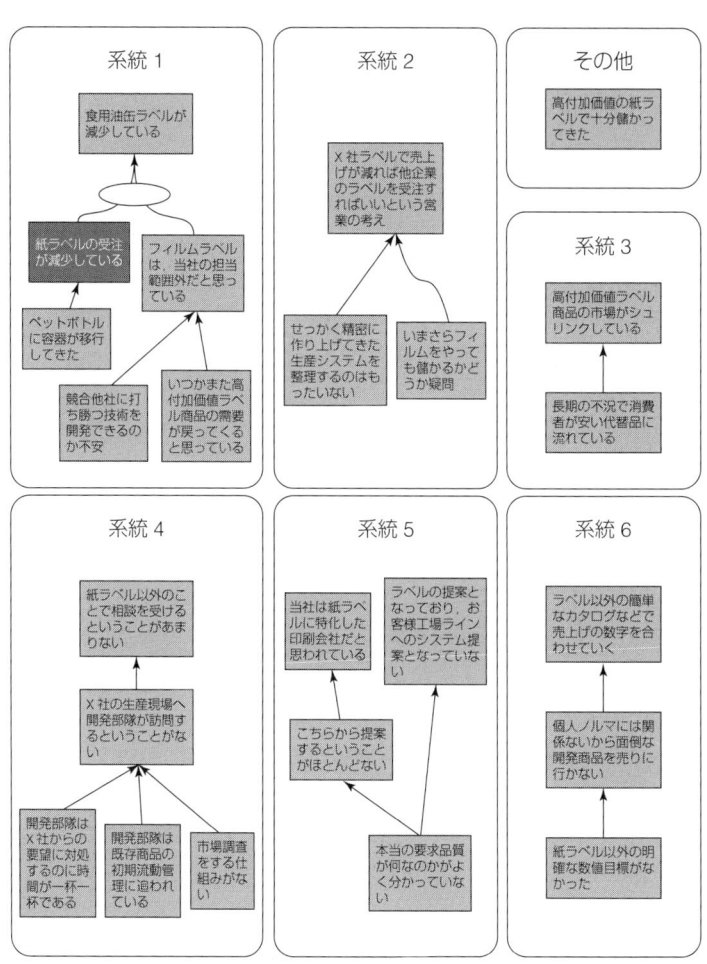

図 1.5　UDE の系統群

ことを探るのが目的です．厳密な検証は後で改めて行います．では，どの系統からでも結構ですので，展開しやすそうなところから始めてください」

「では系統1からやっていきましょう」

この頃になると，新開は自発的に声に出して因果関係を確認するようになっていた．

「『もし〈紙ラベルの受注が減少している〉かつ〈フィルムラベルは，当社の担当範囲外だと思っている〉ならば〈食用油缶ラベルが減少している〉』，この因果関係は問題ないですよね？」

「他の原因もなさそうですか？」

「大丈夫だと思います」

「では次の因果関係はいかがですか．まず左側から検証してみましょう」

「『もし〈ペットボトルに容器が移行してきた〉ならば〈紙ラベルの受注が減少している〉』」

「ちょっといいですか？〈紙ラベルの受注が減少してきている〉のは，〈ペットボトルに容器が移行してきている〉だけではなく，〈高付加価値紙ラベルの受注が減少している〉ということも原因じゃないでしょうか？　新しくペットボトルが台頭してきたのとは別の次元で，高付加価値紙ラベルの受注が減少しているということです」

「そりゃ，そうだな．ペットボトルと高付加価値紙ラベルは関係ないからな」と堅岡．

「では青色のポスト・イット®製品に記入して，矢印で結びましょう」

新たに原因が付け加えられた．

「だったら，系統3と系統1が結びつくんじゃないか？〈高付加

3. いざ，CRT の開始　　35

価値紙ラベルの受注が減少している〉は，系統 3 の〈高付加価値ラベル商品の市場がシュリンクしている〉というのが原因でしょ？」

模造紙を全体的に眺めていた山田が新たな因果関係を発見した．

「声に出して読んで確認してみましょう」

「『もし〈高付加価値ラベル商品の市場がシュリンクしている〉ならば，〈高付加価値紙ラベルの受注が減少している〉』．この二つの因果関係は問題ないでしょ」

「ええ，問題ないと思います」

一つのステートメントを加えることによって，系統 1 と系統 3 が結ばれた（図 1.6）．

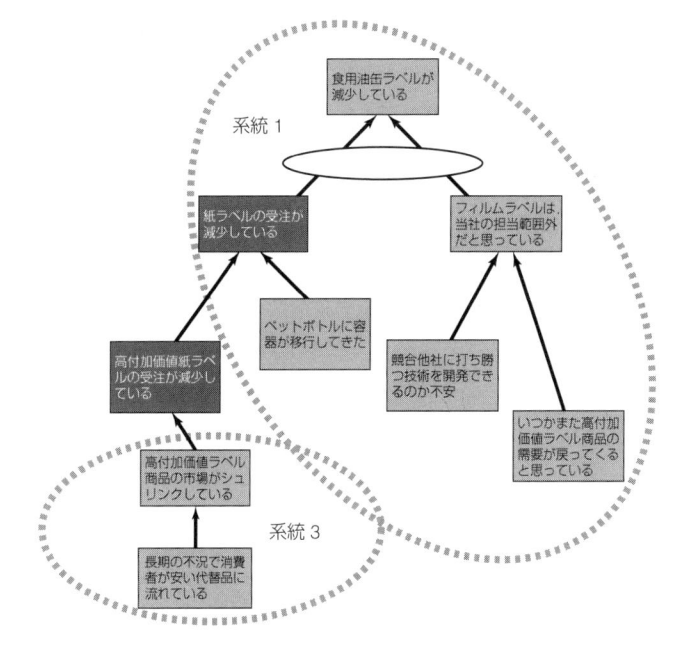

図 **1.6**　系統ツリーの連結 (1)

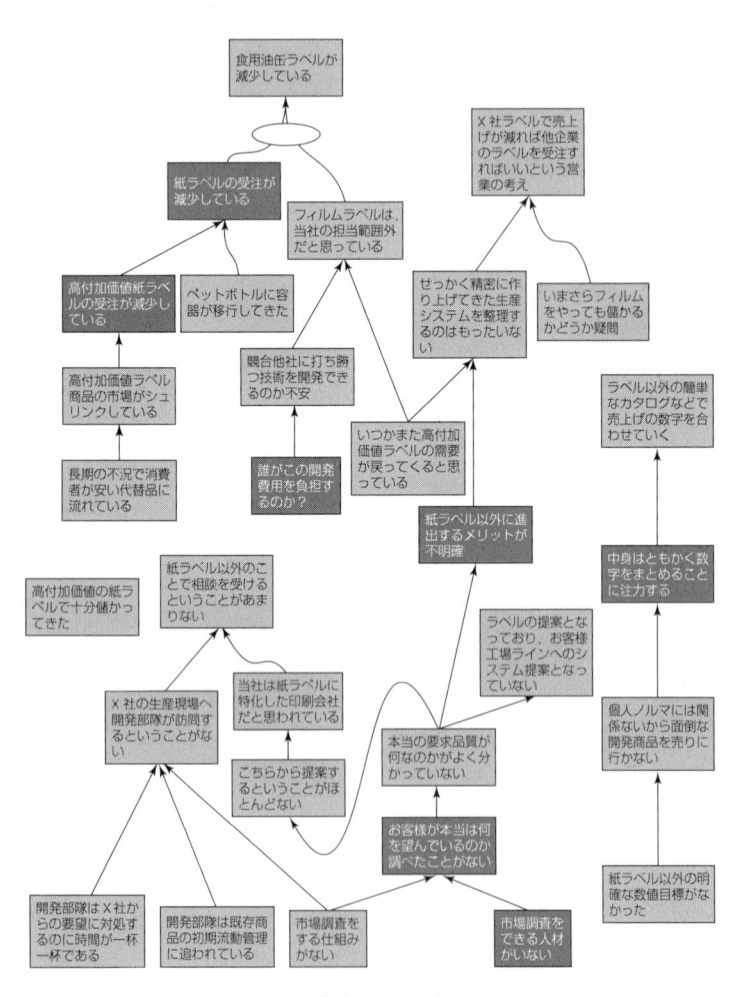

図 1.7　系統ツリーの連結 (2)

「ではさらに因果関係の検証を続けましょう」

このような作業を繰り返し，直感的に因果関係の検証・掘り下げを進めた結果が図1.7である．(☞コラム3　CRTの作成ステップ)

4. CRTの完成へ

「だいぶCRTの全体像が明らかになってきましたね．それでは，ここから少々厳密に因果関係を検証していきましょう．ここで，皆さんに広い視点で議論をしていただくために，いくつかの視点を紹介します」(☞コラム3　CRTの作成ステップ)

高橋は，ホワイトボードに板書しながら説明を進めた．

「今，私が書いていますのは，著名な品質賞の審査基準です．デミング賞は皆さんご存じですね．米国にはマルコム・ボルドリッジ国家品質賞があります．米国版デミング賞です．そのマルコム・ボルドリッジ国家品質賞の翻訳版で日本経営品質賞と呼ばれているものがあります．それぞれ特徴をもっていますが，共通的な評価項目も多くあります．その最大公約数的な評価項目が次の七つです．売上高といった成果項目は除いてますけど．

1. リーダーシップ・ビジョン
2. 戦略的計画の立案
3. 顧客，市場の重視
4. 情報と分析
5. 人的資源の重視
6. プロセスマネジメント
7. パートナーシップ

コラム3 ▶ CRTの作成ステップ

CRT 七つの作業ステップを示し，それぞれのステップを簡単に解説する．

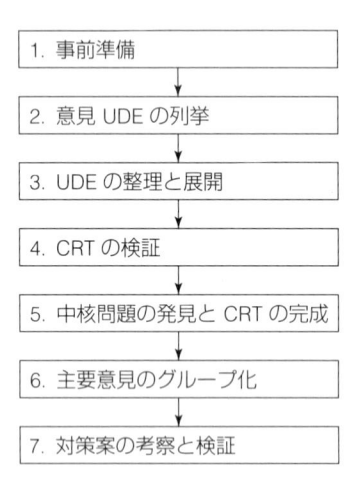

```
1. 事前準備
    ↓
2. 意見 UDE の列挙
    ↓
3. UDE の整理と展開
    ↓
4. CRT の検証
    ↓
5. 中核問題の発見と CRT の完成
    ↓
6. 主要意見のグループ化
    ↓
7. 対策案の考察と検証
```

ステップ1　事前準備

① ファシリテーター（指南役）又は事務局が参加者の人選を行う．参加者は役員を含む部課長6, 7人以下が望ましい．役員が参加することは，改善案を推進する際に広域な権限から責任ある推進力となる．

② ファシリテーターと参加者がやや大きめのテーブルを囲んで，ファシリテーターが参加者に趣旨や具体的な CRT 手順を説明し，参加者全員が作業の概要を理解する．ファシリテーターは，後続するステップの教示や作業促進の役割を担う．

③ 作業の目標，あるべき姿やニーズを明らかにし，どういう状態が望ましいか（ゴール）を取り決める．

ステップ2　意見 UDE の列挙

① 日頃から問題と思っていること，困っていることなどをカードに意見（以下，UDE という.）として自由に列挙，記入する．これは，10〜20 分間の作業とする．

② その際，1 枚のカード（例えばピンク色のポスト・イット®製品）に一つの UDE を誰もが分かる平易な文章として簡潔に書く．

ステップ3　UDE の整理と展開

① 各自が順番に UDE を声に出して読み上げながら，模造紙上に置いていく．その際，他の参加者で，ほぼ同じ意味の UDE と思われるものがあればそれも読み上げ，参加者の同意があれば重ね置いていく．これを繰り返し，すべての参加者の UDE が出し終わった段階で，複数枚の UDE については一番適切なものを上にしてホチキスでとじ 1 枚とする．この作業の際，因果関係がありそうな UDE はあらかじめ近隣に布置しておくと後の作業が容易となる．

② 模造紙上の UDE を観察し，"If〜, then〜"の因果関係が成立するようなペアがあれば，それらを取り出し，模造紙の広く開いた部分に矢印カードで "If〜, then〜" 関係を表現しながら原因側が下になるように布置する．その際も，その関係を声に出して読み上げながら行い，論理の飛躍があれば，それらを中間で結ぶ UDE を探し出すか，論理の流れを補完する文章を別のカード（例えば青色のポスト・イット®製品）に記入し，それを注入カード（追加意見）として中間に配置し矢印カードを追加する．また if 側の原因が十分でなければ，and 関係に相当する UDE や注入カード（その場合には矢印を楕円で囲む.）を追加していく．このような操作を "If〜, then〜" 関係に着眼しながら上下に UDE, 注入カードを追加しツリーを展開していく．

③ ②のツリーが上にも下にも展開が困難な状況になったところでそれを一つの系列とし，残りの UDE について②の操作を最初から行い，別の系統のツリーを作成することを繰り返す．

ステップ4　CRTの検証
① 系統ツリーがほぼ出尽くしたところで，ツリー同士を連結させる"If 〜, then 〜"関係を見出す．その際も論理の飛躍や不十分性がないか検討する．
② 因果関係の完成度を高めるために，CRL（コラム2参照）の論理展開カテゴリーを用いて検証する．簡便法として，マネジメント診断の視点や"カルタ"（付録参照）からの連想から再検討することもよい．
③ ほぼすべての系統やUDEが結ばれた段階で，再度読み上げて，メンバー全員で"If 〜, then 〜"関係を確認する．

ステップ5　中核問題の発見とCRTの完成
① 因果関係を検証したCRTの中で，これ以上原因がないと思われるもの［根本原因（Root Cause）］や，これによってUDEの大半が解決すると思われるものを中核問題（Core Problem）と位置づける．図中ではV字型（V-shape）となるので，V字の発見ともいう．
② ツリーを遡り，その中核問題が解決すると，UDEの大半が解決するか否か，参加者全員で再度検証してCRT完成とする．場合によっては，当初中核問題と思われたものをさらに深く掘り下げ，その部分をさらに下に展開しそれを中核問題とする．

ステップ6　主要意見のグループ化
① 完成したCRTの構造を理解しやすくするために，UDEや注入カードをいくつかのグループに分ける．
② グループ化した項目群にラベル（項目群を代表する名称）をつける．

ステップ7　対策案の考察と検証
① CRTやその構造を理解したうえで，中核問題を解決する具体的アイデアを考案する．アイデアが出た場合には，CRTを下から遡りUDEが解決するか否かのシミュレーションを行う．
② その際，アイデアの実行に伴う副作用（マイナスの効果）の有無も，同時に検討メンバーで議論しながら行い，事前に副作用を刈り取るアイデアも注入する．

4. CRTの完成へ

　これらは企業活動において，マネジメントを診断するときの考慮すべき"視点"です．これらのキーワードを手がかりにして，御社独自の問題点もしくは，現在展開されているステートメントの原因となるような事柄を連想し，CRTに展開していくという手順で作業を進めていただきたいと思います．キーワードは抽象的なので，この視点に基づいて議論をすることによって，より視野を広く，多角的に"連想"をしてください．UDE作成の際にも言ったとおり，CRTは自分たちで自分たちの会社に根づいている問題点を探索していくからこそ，最終的に導かれる中核問題が本質的な問題点であるということができます．ですから，これらの視点をそのままCRTに展開するのではなく，御社の現状，御社の問題点を御社の言葉で連想し，展開するようにしてください．では実際にやってみましょう」

　松井はもちろん一同は，高橋から突然小難しい言葉を羅列されて，困惑の表情を浮かべた．高橋はここをクリアしなければ，CRTの完成がおぼつかないと思い，一同の顔色をうかがいながら説明を続けた．

「例えば"3. 顧客，市場の重視"という視点からですが，そうですねぇ……，お客様とのwin-win関係が構築できていますか？」

「win-winですか．……ウチの場合は最も利害関係が強いのはX社ですよね．X社とのwin-winってどんなものなんでしょうね？」

　山田がそういうと，3人は模造紙を眺め，しばらく考え込んだ．その沈黙を破ったのは，新開だった．

「X社に対するウチの対応って，今までずっと一方通行だったように感じます．win-winの関係は互いにメリットのある状態ですよね．ウチは今までX社に対してメリットを提供できていたのでしょうか？　もちろんラベルを提供してきたことはX社にとってメ

リットだったかもしれません．でも，なんというか，受動的な気がするんです」

「新開さん，御社は真剣に本質的な問題点を発見したいと考えているんですよね？　だとすれば，たとえこれまでの御社の状態を否定するものであっても，本音で議論をすることが必要不可欠です．皆さんもこのことは重要なことなので，常に念頭に置いて今後議論を進めてください．話をもとに戻しましょう．新開さん，今おっしゃったことを簡潔に言うとどういうことなんでしょう？」

新開は少しためらった様子を見せたが，少し間をおいてさらに話を進めた．

「我が社はX社に対してもっと能動的な取引関係を築いてもいいのではないかということです．例えば，注文を待っているだけではなく，こちらからラベルの提案を行うとかです．そのような能動的な活動が足りなかったから〈食用油缶ラベルが減少している〉という責任の一部分もウチの会社にあるように感じるのですが」

新開はCRTを指差しながら言った．

「堅岡さん，御社はこれまでwin-winを構築すべく何かを提案してきたのでしょうか？」

「ラベルデザインの提案などはしてきました．でも，win-winを意識した提案かといわれると……，違うかもしれません」

堅岡はしぶしぶ高橋の問いに応答した．

「では，新開さんがおっしゃった〈X社にwin-winの提案が行えていない〉というのは〈食用油缶ラベルが減少している〉原因として考えられるものなんでしょうか？」

「まぁ，原因の一つではあるでしょうね」

「では，マネジメント診断の視点から連想された追加のステートメントとして，今度は黄色のポスト・イット®製品に記入して矢印

4. CRTの完成へ

で結びましょう．色を変えておくと分かりやすいですね」

こうして，新たなステートメントが付け加えられ，CRTの原因の過不足が一つ解消された（図1.8）．

「では次に"2. 戦略的計画の立案"はどうでしょう．例えば，スピーディで柔軟な意思決定がなされていますか？」

「意思決定のスピードや柔軟性に関してはウチの会社は問題ないと思います．ウチみたいな中小企業の数少ない長所ですね」

堅岡が笑いながら答えた．

「他の方々はいかがですか？」

「意思決定のスピードや柔軟性はあるほうだと思います」

「そうですか．現時点では関係ないと思っていることでも，展開

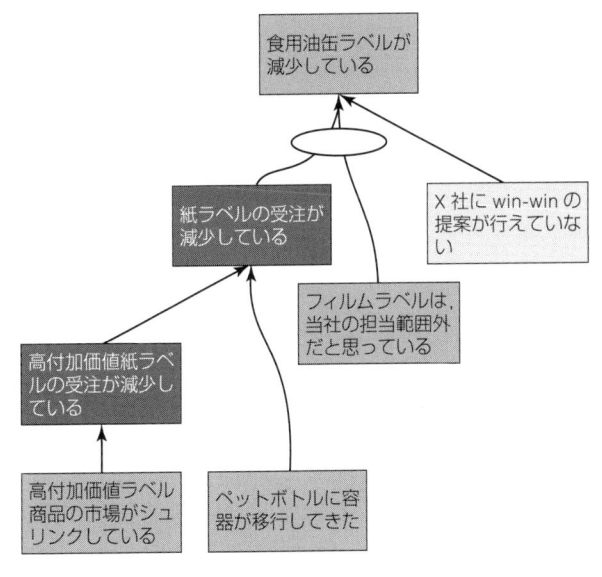

図1.8 因果関係の厳密な検証

を進めていくにつれて何か連想されるかもしれませんね．覚えておきましょう．

　……最初の段階のCRTは一気呵成に作られたきらいもあるので，少し時間を置いて見直すと論理的におかしなところもあるでしょう．それで，少しずつ冷静に押さえていくわけです．では続けます」と言って作業を続けていった．

「さて，いよいよCRTの完成ですよ．最後の作業は，全体を見やすくするために，グループ化して，そのグループにラベルをつけることです」

　松井は思わず，「ヤレヤレ」とつぶやいた．密度の高い因果関係の検証作業を続けたうえに，まだあるのかといった表情である．

「全体を眺めてください．今までは，ミクロの見方でした．"If ～, then ～"でしたね．これからはマクロ，鳥瞰するわけです．CRTの左上のいくつかのカードは"業界特性"を表していませんか？　市場の動向みたいなものですね．また，その下には，責任をとりたくない，過去の成功に固執など"組織風土"そのものが表れています……」

　高橋の巧みなリードで完成したのが図1.9である．高橋一人が悠然としている中で，松井は改めて，コンサルタントの真意がだんだんと理解できてきた．

「どうやら中核問題は〈全体最適な評価が与えられていない〉ことのようですね？〈全体最適な評価が与えられていない〉から〈結局は我が部署の利益が優先〉や〈業務の優先順位が不明確〉，つまり社員の皆さんが何を基準に業務を行えばよいのかが分からなくなってしまっていたということです．その結果として，〈紙ラベル（過去の成功）の方法に固執〉や〈へたに責任を取らされたくない〉，〈目先の利益を追求する〉などにつながり，市場の変化に組織がつ

4. CRTの完成へ

いていけず，〈食用油缶ラベルが減少している〉という流れです．皆さんいかがですか？」

松井が一番に口を開いた．

「私はこのCRTという手法をやる前は，市場調査の仕組みや営業の努力が足りないなどが，〈食用油缶ラベルが減少している〉原因だと思っていました．おそらくここにいるメンバーも同様に考えていたのではないかと思います．これまで売上げが下がると決まってそういう議論になっていました．今回，高橋さんをお呼びしたのも，実はこれらの市場調査や営業などに使える何か新しい手法を考えていただけるのではないかと考えていたからなんです．しかし，実際に展開してみると，市場調査や営業の問題は根本原因どころかCRTの真ん中あたりに展開され，原因を探っていくと，さらに根底に根づいている問題があることが今回の作業で十分に認識させられました」

「それが重要です．作業前にも申しましたが，企業活動において，表面的な問題点をいくら改善しても，それは対症療法であり，解決にはなりません．先ほど社長がおっしゃったように，市場調査や営業方法などでいくら対策をとっても，必ず問題点は再浮上してくるでしょう．企業は人間が動かしているものであり，その行動を左右するのが組織風土なんでしょうね．だからこそ市場調査などの手法にフォーカスしてもそれを使う人たちの意識が変わっていなければ全く意味がないのです．特に，現在の日本のように，バブル崩壊のような市場環境が激変した際には，本質的な問題点を解決しなければ全く意味がないと思っています」

「今後はこの〈全体最適な評価が与えられていない〉ということを解決すべく資源を集中させればいいんですね」

「そうです」

46　第1部　経営革新の中核問題

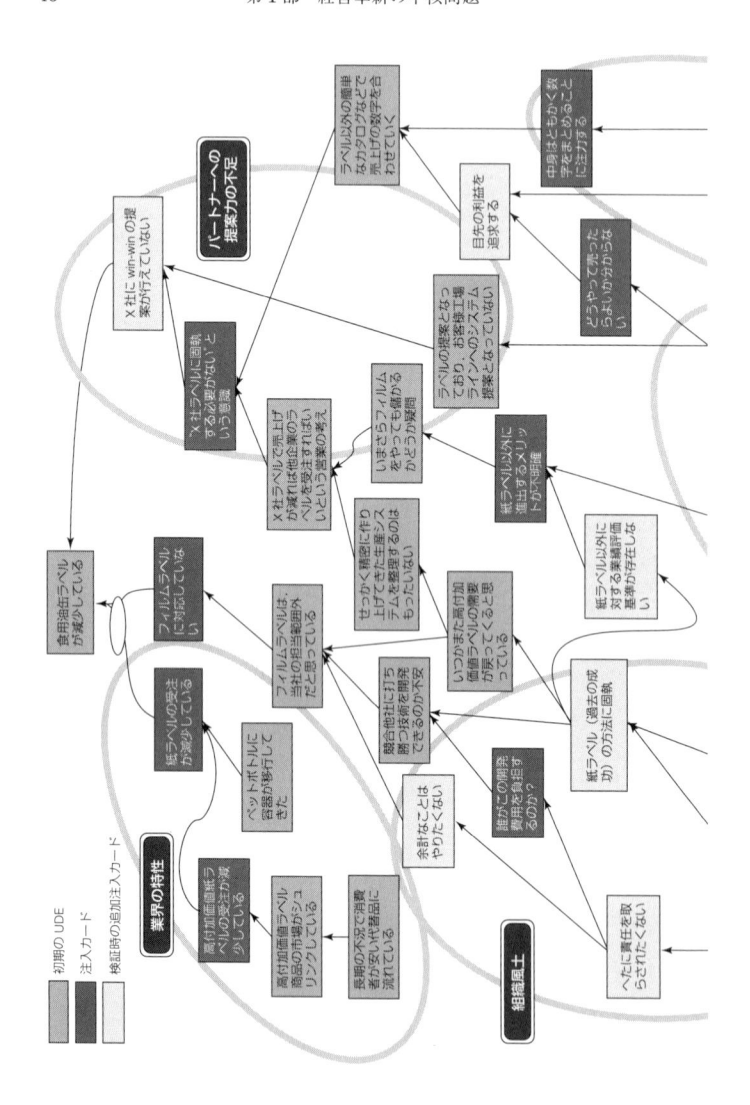

4. CRT の完成へ

図 1.9 完成した CRT

- 個人ノルマには関係ないから面倒な開発商品を売りに行かない
- 紙ラベルの明確な数値目標がなかった
- **業績評価・業務の優先順位**
- 他の部門の成績が上がらないとマズイ
- 業務の優先順位が不明確
- 戦略商品の目標と評価が不明確
- 何を売るべきかが分からない
- 開発部隊は既存商品の初期活動管理に追われている
- X社の生産現場へ開発部隊が訪問することがない
- 開発部隊はX社からの要望に対処するのに時間がいっぱい一杯である
- 目先の日常業務に追われている
- 業績評価の尺度が見えない
- 全体最適な評価が与えられていない
- 本当の要求品質が何なのかがよく分かっていない
- 営業から開発へ順に客の要望が遠回しに伝わっていない
- **マーケティング**
- 結局は我が部署の利益が優先
- 営業と開発の情報共有が不十分
- 方針が現場まで伝わっていない
- お客様が本当は何を望んでいるのか分からない
- 市場調査をする仕組みがない
- 市場調査を伝える仕組みがない
- 教育の仕組みがない
- 紙ラベル以外のことで相談を受けることがあまりない
- 当社は紙ラベルに特化した印刷会社だと思われている
- こちらから提案することがほとんどない
- 高付加価値の紙ラベルで十分儲かってきた
- 責任と権限の仕組みができていない

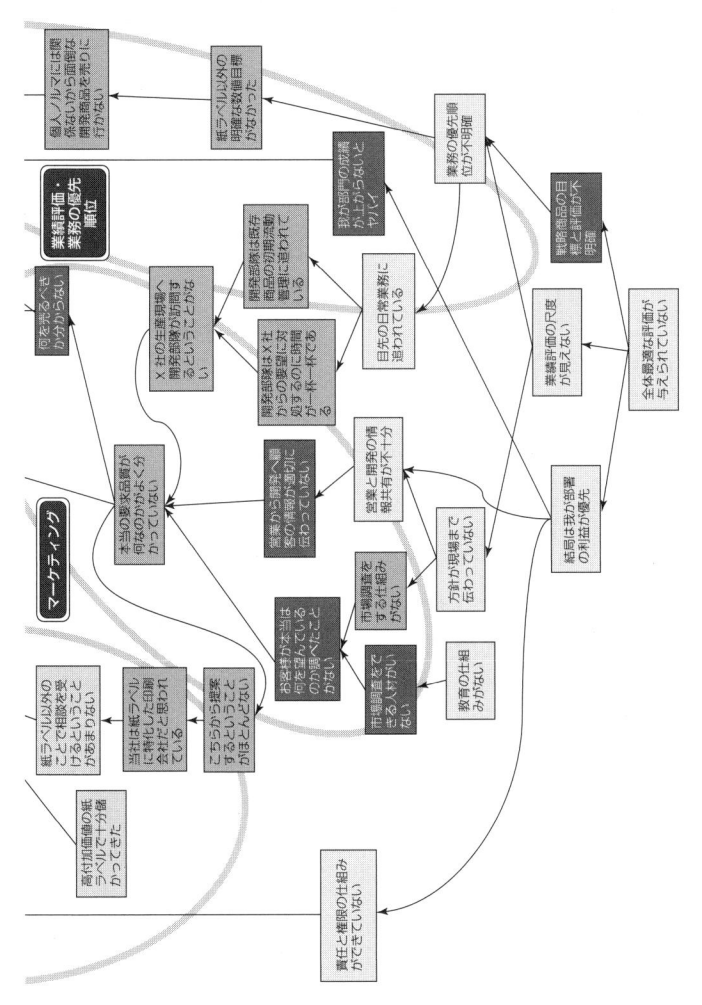

5. 全体最適と部分最適のねじれ現象

　松井は，先日来，皆で構築したCRTを眺めながら，〈全体最適な評価が与えられていない〉という中核問題をどのように打破すればよいか，思い悩んでいた．皆で一緒にこの中核問題を探し当てたときには，自分でもなるほどと納得したものであった．しかし今考えてみると，当たり前の話であり，ではどのようにすればよいかの答えは思い浮かびそうにもなかった．この"全体最適"という言葉自体，ここ数年いろいろな雑誌やセミナーでよく耳にする言葉であり，松井自身も年度方針や何かの折にこの言葉を社内で使っている．とするといわば当たり前のような気がしてきた．同時に皆と一緒に探し当てたつもりでいた一種の興奮も，一気に冷めていくような落胆感におそわれた．

　そこでまず高橋にこのことを相談してみようと，早速受話器を握った．幸い高橋自身が電話に出たことから，今思っている疑念をとつとつと伝えた．すると高橋から間を置かず，

「そろそろ連絡がある頃と思っていたところです．今，社長がお話になったことは，まさに全体最適と部分最適のねじれ現象ですよ」

という言葉が返ってきた．その意味を問い返す前に，次のような言葉が続いた．

「いやいや失礼．いきなり難しい言葉を使ってしまいました．でもこれは御社だけでなく，どの企業でも日常的に見られることです．それも新商品開発の問題に限りません．無論，各社，問題によって全体最適やそれを阻害している部分最適の内容は違います．我々はこのねじれ現象をスーパー中核問題と呼んでいます」

「難しい能書きは結構ですから，そのねじれ現象ということを具

5. 全体最適と部分最適のねじれ現象

体的に言っていただけませんか」と,松井はたまらず口を挟んだ.

「分かりました.いいですか.新商品開発でいえば,顧客の望むヒット商品をスピーディに,しかも継続的に開発する,ということがゴールです.そのために顧客との win-win 関係を考えながらメンバー一人ひとりの努力のベクトルがそのゴールに結びついていくような仕事の仕方が,言ってみれば"全体最適"です.これについては誰も反対はないし,社長も日頃から従業員に向かって言われていることではないですか?」

「……」

松井は,なるほど,と心の中で思わずつぶやいた.すると高橋は続けて,

「ところが実際には,御社の CRT にも表れているように,〈紙ラベル(過去の成功)の方法に固執〉とか,〈結局は我が部署の利益が優先〉,〈業務の優先順位が不明確〉というような"部分最適"が背後に隠されている.そうするといくら表面的に"全体最適"を唱えても,実行の段階で"部分最適"が顔を出すことによって,結局"全体最適"とはかけ離れたものになってしまう.これがねじれ現象です」

さらに,

「一般に,このねじれ現象は,現代のような企業を取り巻く環境が著しく変化する状況では,未来と現在そして過去,そして事業と部門,というように……」と,言葉を続ける高橋に,やっと少し理解できたと思った松井は,その感覚を忘れては大変と高橋の言葉をさえぎり,確かめるように,高橋にたずねた.

「そうすると,我が社の場合,そのねじれ現象の根本が,〈全体最適な評価が与えられていない〉ということですか.もしそうなら,私が日頃から言っている方針やビジョンといったものを,メンバー

はなぜ実行できないのだろうと疑問に感じていたのと同様に，メンバー自身がたとえ私の方針やビジョンを理解していたとしても，それを実行できないというジレンマのようなものを感じていたはずですね」

この言葉を聞き，高橋は思わず笑みを浮かべながら，それに答えた．

「そのとおりです．前回のCRT作成に社長に参加していただいたのも，そのことを理解していただきたかったからです．よくビジョンの共有といいますが，本当の意味で共有されているのはむしろまれであるといってよいでしょう」

自分の得た考えを肯定され，自信めいたものが湧き上がるのを感じた松井は，メンバーと一緒にこの感覚を共有したい，という思いにかられた．

「分かりました．それでは，次に何をすればよいのでしょう」と高橋にたずねた．

「無論，〈全体最適な評価が与えられていない〉という中核問題のブレークスルー案を出すことです．ただし，アイデアを考えるだけでは十分ではありません．アイデア自体は解ではありません．それを実行する段階で必ずマイナスの問題が発生します．事前にそれを刈り取るアイデアも注入しておく必要があります．そのためにFRT（Future Reality Tree：未来問題構造ツリー）を使ったらいかがでしょうか」

それを聞き松井は，また難しい手法の登場か，と意気消沈しかけた．それを見透かしたように高橋は言葉を続けた．

「いやいや，ご心配は無用です．これは前回苦労して作成したCRTを使った応用問題で，一種のシミュレーションです．前回と比べて時間もさほどかからないと思います」

シミュレーションという言葉を聞いて，松井の心配はまたまた膨らんだが，いずれにしても高橋に来てもらわないと話は進まない．そこで高橋の都合をたずねた．

「来週中で，私どものところに来ていただく時間をご都合いただけませんでしょうか．水曜日の午後であれば，メンバーとのミーティングの予定が入っていますのでベストなのですが」

「分かりました．午後2時であればなんとか時間を作れます．それと前回のメンバーに加えて営業部長もメンバーに加えていただけませんか」

営業部長を加えることは松井の頭にもあっただけに，早速，次回のミーティングの予定が成立し，期待感を込めて，松井は受話器を置いた．

6. ブレークスルーに向けた大事な一歩
——キーパーソンの参画

翌週水曜日午後2時，時間どおりに高橋が松井印刷に到着すると，既に社長の松井と3人のメンバーに加えて，営業部長の石川，そして技術担当役員である嵐田が待ち受けていた．松井から高橋にこの二人が紹介されると，さすが営業部長だけあって石川は如才なく挨拶をする．一方の嵐田は，前回のCRT作成時の出張による欠席を詫びるばかりで，なんとなく他のメンバーと違和感を感じさせる雰囲気があった．

会議室の机には，前回作成したCRTが会議机いっぱいに広げられていた．それとともに新開の前にはノート型パソコンが置かれプロジェクターも用意されていた．これを目にした高橋は，早速新開に声をかけた．

「あれ，これは何ですか」

すると新開の代わりに，横に座っていた山田が，にっこりしながら答えた．

「新開さんは，なかなか器用なんです．前回 CRT を作成した次の日，新開さんと二人でもう一度中核問題についてその論理が正しいかツリーを見直していたのですが，ポスト・イット®製品がはがれそうになり，ツリーをパソコンに入れてしまおうと言い出したのです．それで先週末に自宅にツリー全部を持ち帰り，Excel でツリーを作ってきたんです．私も一昨日見せてもらいましたが，なかなか見事なものですよ．矢印の移動なんかも簡単にできますよ」

照れ笑いする新開を見ながら，高橋は言った．

「それはちょうどいい．それを使ってこれからの作業をしましょう」

早速，プロジェクターから，CRT のツリーの絵が映し出された．

「なかなかよくできていますね．今回，嵐田さんと石川さんが新たに参加されていますので，前回の復習とウォーミングアップを兼ねて，中核問題に至るツリーを，"If 〜, then 〜" 形式で読み上げてみましょう．新開さん，音頭をとっていただけますか」

新開は，図 1.9 の左上のツリーからラベルも紹介しながら，随時，"If 〜, then 〜" 関係の表現を用いて，中核問題に至るパスを読み上げていった．

松井は，声を出して CRT をなぞる皆に声を合わせながらも，先週高橋との電話で話したねじれ現象に思いを巡らせていた．

「自分は，自社が勝ち残り従業員を守るための生命線は新商品開発であることをバブル崩壊以降強く意識し，そのために全体最適を図るための方針管理やチームアプローチ，そして社員を外部の講習に参加させる方策を，この 10 年余りとってきたつもりである．な

のになぜ……」

　松井が一人自問している間に，CRTのツリーの復唱が終わる．そこですかさず高橋が，石川に向かってたずねた．

「石川さん，中核問題の上のここに営業との問題が出てきますが，どうですか」

　一瞬，息をのみながらも，石川は答えた．

「月に1回技術とのミーティングをやっていますが，ともすれば客先でのクレームについて技術の対応を求めるのが主で，後始末的なことに終始している場合が多いですね．もっと顧客の要求や先を見据えた動向の情報を交換するような場にすべきと思っているのですが．このあたりに書かれていることは，なんとなく以前から気になっていたことのように思います．それよりも，営業内部でも個人個人に壁があり，それをどうにか打破する方策はないものかと，考えていたところです」

「なるほど」と，高橋は得心するとともに，今度は矛先を嵐田に向けた．

「嵐田さん，技術担当役員としてこのCRTをどう思われますか」

　すると，嵐田は，とまどいを隠せない様子をありありとも見せながらもどうにか答えた．

「……うーん，何とも言えないですね．中核問題の〈全体最適の評価うんぬん〉は，当たり前のような気がします．そんなことよりも，もっとよい実験設備や人員を増やせば済む問題であり，問題はそのための資金が不足しているということではないですか．全体最適とか何とか，抽象的ではなく」

　その言葉を聞き，堅岡は表情を固くしながら，顔を伏せた．一方，松井はおやっという顔をしながらも，議論の行先を眺めることにした．すると石川が間に入って口にした．

「嵐田役員，このCRTはそれ以前のことをいっているのではないですか．いくら設備や人員を配置しても，ここでいう中核問題が依然として存在すれば，それが有効に活用できない，すなわちゴールに向かった全体最適に結びつかない，ということではないですか．あのー，よく分かりませんが，全体最適というのは，もし新商品開発が継続的にうまくいくということがここでのゴールとすれば，そのゴールに向かって組織全体が効率的に動くというふうに考えてよいのでしょうか」

少し，あっけにとられながらも，うなずく一同を見ながら，嵐田がいち早く反応する．

「さすが営業部長．うまいこと言いますな．いつもその言葉にうまくだまされていると思っていたんですが，はっはっは」

この言葉に一同爆笑になるが，嵐田はさらに言葉を継いだ．

「今のは一本とられましたな．いやお世辞でなく，ここに書かれていることは，いわば常識ですが，なんとなく感じていたことです．しかし，このように系統的に言われると経営者の端くれとして，一度は，反発しておかないと……．社長いかがですか」

高橋は，心の中で，これで2人のキーパーソンを，CRTによる改革に同調させることができたと思い，おそらく松井もそれを感じているのではないかと想像しながら，松井の表情を見つめた．確かに今までの考え深げな顔から，何か始めようという態度への変化が読み取れた．

7. ブレークスルー案とFRT

すると松井は意外にも，別の切り口から攻める言葉を吐いた．
「この〈全体最適の評価が与えられていない〉というのは，私自

身一回は納得しましたが，よく考えると，方針管理で年度ごとビジョンを述べていますし，それを皆さんとキャッチボールをしながら展開し，かつ四半期ごとに PDCA を回しているはずです．なのにという感じがあります．そうでしょう．嵐田さん」

と，嵐田に同意を求めた．すると今まで黙っていた山田が口を挟んだ．

「社長，それは少し違うと思います．社長方針や技術担当役員の方針はたぶん皆理解していると思います．ですが，方針管理の課方針を決めるとき無論部長とキャッチボールをしながら決めますが，そこでは現実との妥協で決めることが日常化しています．うまく言えませんが，先ほど石川部長が言われた意味での全体最適になっているか，というと違うと思います」

一瞬，沈黙が一同を包むが，新開が山田の発言を擁護するように続けた．

「何と言えばよいか．課もそうですが，個人個人の日々の努力が組織のゴールとしてどのように結びついているのかが，分からない，そういった不安感がある．そのことを CRT や中核問題はいっているのではないでしょうか」

これを聞き，松井は心でなるほどと思いながら，高橋の言っていたねじれ現象が，自社の現実として確認できたことを実感する．嵐田も，思わず，「うーん……」とうなって押し黙ってしまった．

そこでいまが頃合いだと思った高橋は，今日の会合の本題を切り出した．

「皆さん，これまでの議論で，中核問題の再確認とその意味の共通理解が大体できたように思います．そこで本日お集まりいただいた本題のほうに入らせていただきます．本題とは中核問題を打ち破るブレークスルー案を出すことです」

すると堅岡がまず口を開いた.

「論理的には，中核問題を反転させる，すなわち〈全体最適な評価をする〉，あるいは〈全体最適な評価体系を作る〉でよいわけですよね．でも，これじゃあ，抽象的すぎて意味不明といったところですよね」

高橋がフォローをする.

「そのとおりです．ブレークスルー案を出すには，いくつかの方法がありますが，今回は，FRTという方法を使いましょう．何も面倒なことはありません．新開さんが作成されたCRTが役に立ちます．FRTとは，一種のシミュレーションで，中核問題を反転させるブレークスルー案が浮かぶと，それをCRTの中核問題のところに書き込み，そのアイデアを注入すると，そこからツリーを上にたどって，上にあるカードやUDEのほとんどが解決できるかを検証をする，これを繰り返し，アイデアをより具体的で効果的なものに改良していく方法です．

そもそも，包装事業部の売上げを増加させることがゴールでしたね．堅岡さんの言われたことは，その初期解ということですね．新開さん，〈全体最適な評価体系を作る〉という文章を書いていただけますか」

新開がパソコンに書き込んでいる最中に，山田が発言を求めた.

「中核問題のすぐ上にある〈結局は我が部署の利益が優先〉とか，〈戦略商品の目標と評価が不明確〉とか，これらを解決するには，堅岡部長が言われたように抽象的で意味をなしません．現在，やっている方針管理の仕組みややり方を全体最適を目指せるように改革する，というのはどうでしょう」

「なるほど」と一同，軽い相槌を打ちながらも，どのようにということで皆，首をかしげた.

7. ブレークスルー案と FRT

すると石川が，言った．

「ブレークスルー案としては，〈全体最適になるような評価尺度を個人レベルまで設定する〉でよいのではないでしょうか．方針管理そのものはそのための手段であり，我が社あるいは開発部門での全体最適とは何か，ということのビジョンを全員で共有することを徹底し，方針の展開と評価項目の整合性を図ることに留意すれば十分機能するように思います．問題は，数年前から導入されているチームアプローチとの整合性です」

松井は，少しむっとした表情になり，石川を催促した．

「それで，チームアプローチのどこが問題なのかね．皆さん，チームによって開発スピードが上がったと評価しているんじゃなかったかい？」

「確かに見かけ上，スピードは上がっています．その点についての顧客の要求が厳しくなりましたからね．問題は，CRT にも表れているようにライン業務との摩擦です．どちらを優先させるかはリーダーやマネジャーの声の大きさで決まってくる場合も少なくありません．無論，営業のほうから横槍を入れることもありますが……．この前，若手の技術者と飲んでましたら，いくらチームに貢献したとしても自分がどのように評価されるのだろうか，と不安をもらしていましたよ」

これを聞いて，新開と山田は，「うんうん」とうなずくようなしぐさを見せた．これを受けて嵐田が言った．

「なるほど．チームの位置づけやその評価を，方針管理の中に明示的に取り込み，仮に個別部門の利益を損うことであっても，全体の利益増になることであれば，それを優先させるような個人の評価体系にすればよい，ということかな」

嵐田の言葉に，一同納得の表情を浮かべる．

それを見た高橋は，新開に，ブレークスルー案を，〈全体最適になるような評価尺度を個人レベルまで設定する〉に書き換え，その横に，方針管理とチーム評価という言葉を添えるように依頼する．新開が入力を終えたことを確認すると，高橋は言葉を続けた．

8. 松井印刷の改革のスタート

「皆さんブレークスルー案はこれにまとまったようですが，まだまだ終わりではありません．アイデアはあくまでアイデアであり，それを実行する段階で，必ずマイナスの問題，あるいは副作用が出てきます．ですから今の段階で，そのマイナスの問題を予測し，これを刈り取るアイデアも注入しておく必要があります．そのためにCRTを上に遡り，ブレークスルー案によってUDEが解決されるか，ということと同時に，この副作用がないかをシミュレーションすることも，今やっている作業で重要なことです」

これを高橋が言い終わると，一同，それぞれ，ぶつぶつつぶやきながら，FRTによる検証（図1.10）を始めた．しばらくして，堅岡が声をあげた．

「ツリーの左中ほどに，〈責任と権限の仕組みができていない〉というのがありますが，確かに評価の仕組みができても，刻々と変化する環境変化の中で臨機応変に〈全体最適〉に向かっているかの判断は，自分を含めてできそうもありません．とにかくチームリーダーやライン業務を担うマネジャーの教育や勉強会が必要だと思います．それと社長に失礼ですが，全体最適のビジョンそのものが，我々はともかく，従業員一人ひとりが明確に把握できているとは限りません．ツリーの右中ほどから上にはこれに関連した問題が並べられています．この点についてももう一度，トップの言葉で，しか

8. 松井印刷の改革のスタート

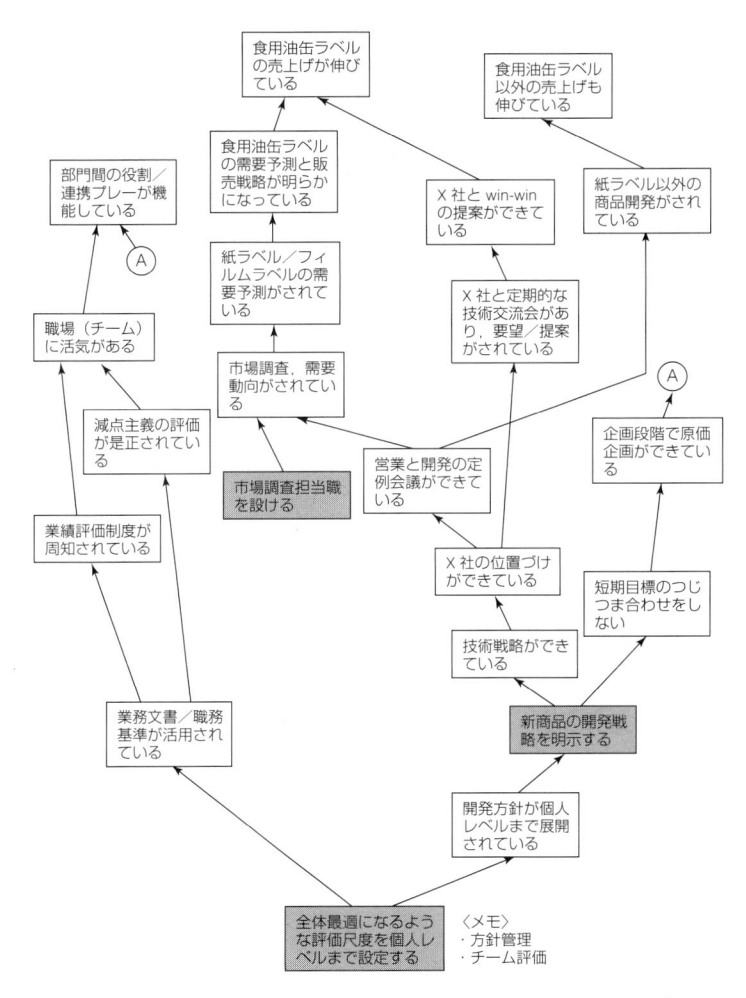

図 1.10 "包装事業部の売上げを増加させる"ための FRT による検証

も分かりやすい言葉で明確化する必要がある，と思います」

堅岡の発言を機に，ブレークスルー案をより具体化する対策と，副作用に関する指摘とそれを防ぐ対策が付け加えられた．

松井は，この間のやりとりを聞きながら，やっとこれでねじれ現象のねじれの正体と，そのねじれを解消する手立てができたと確信をもった．早速，今日の議論が冷めないうちに，改革を実行しなければと，心に誓った．夕闇がせまり，この決意を松井が皆の前で述べるとともに，ここまで導いてくれた高橋に謝辞を述べた．

そこでそろそろ散会といったところで，石川が皆を引き止めるように発言した．

9. 補助ツール "カルタ"

「せっかく，ここまで本音で話し合えたのですから，ちょっと一杯やっていきませんか．それに営業でも CRT を使ってみたいと思います．それと，お客さんの何と言いましたっけ，そうそう UDE とか何とか，これを収集してお客さんの中核問題を探し出し，それを打破する提案をすれば，今まで手が出なかった顧客も取り込めると思ったものですから」

「いやぁ，それは面白いですね」と，一同が石川に注目する．

「私自身，前回の CRT 作成に参加していませんし，営業でやろうにも，どのように皆を引き込めばよいのか分からず，そのあたりの雰囲気ややり方を，飲みながらでもぜひ，教えていただけたら……」

すると，元来緻密なものの考え方をする堅岡が，石川の発言を途中で制するように，高橋に顔を向けて発言した．

「我々にとっても，今後も CRT を活用する必要がありそうです．

今回は，高橋先生に随所随所で適切なヒントを出していただき，我々をナビゲートしていただいてこそ，やっとCRTを完成させることができました．我々だけでやれと言われても，とてもできそうもありません．石川部長に機械的な手順は説明できても，因果関係の論証ですとか……」

この堅岡の発言に，一同うなずいたところで，高橋がうなずきながら，

「なるほど．確かにそうですね．通常，CRTを実施するには，問題を共有する，あるいは共有すべきメンバーに加えて，CRTの論理検証に精通したファシリテーターが必要です．"If ～, then ～"ロジックを追求していくことは，皆さん経験したように相当骨の折れる仕事で，視点が狭くなり，どうしても行き詰まってしまいがちです．そこで岡目八目的な行事役，ファシリテーターが，そこを客観的に手助けすると，展開が円滑になります．今回は，私がCRT作成の手順を説明して，そのファシリテーターを務めさせていただきました」

「なるほど．では毎回先生にお出ましいただくというのは無理でしょうから，先生のお弟子さんとか，どなたか，その何と言いましたか，ファシリテーターですか？　をお願いできる方をご紹介いただけないでしょうか」と，松井が言葉を挟んだ．

すると，高橋は，自分のかばんの中から，カードのようなものを取り出しながら言った．

「いやいや，ファシリテーターであれば，いくらでもご紹介しますが，どうでしょう．この"カルタ"という道具を使ったらいかがでしょう．皆さんだけでも，このカルタがファシリテーターの代わりをしてくれます．それがこれです」（☞付録の"カルタ"参照）

高橋は，文章が書いてある紙切れを全員に見せながら説明を続

けた．

「カルタには企業活動において，考慮すべき"視点"が書いてあります．このカルタに書いてある文章を手がかりにして，その文章から御社独自の問題点もしくは，現在展開されているステートメントの原因となるような事柄を連想し，CRTに展開していくというものです．カルタには幅広く視点が書いてありますので，この視点に基づいて議論をすることによって，より視野の広い，多角的に問題を捉えたCRTが構築できるというわけです．ここで重要なのは，"連想をする"ということです．UDE作成の際にも言ったとおり，CRTは自分たちで自分たちの会社に根づいている問題点を探索していくからこそ，最終的に導かれる中核問題が本質的な問題点であるということができます．ですので，カルタに示された視点をそのままCRTに展開するのではなく，カルタの文章と御社の現状を照らし合わせて，御社の言葉で御社の問題点を連想し，展開するようにしてください．カルタは全部で38枚あります．展開が行き詰まったときに，これらのカルタの中から適当に1枚ずつめくり，文章を読んで皆さんで連想をしてみてください．例えば……」

そういうと高橋は，カルタを適当にシャッフルし，その中から1枚のカルタを取り出した．

「1枚目のカルタはこれです．《今までの成功体験に固執していませんか？》，このカルタから何らかの問題点が連想されますか？

皆さん，前回，UDEから出発して，六つの系統ができあがり，それらの系統を結びつける作業をして少し行き詰まり（図1.7），私のほうから七つの視点のヒントを差し上げた場面を思い出してください」

こう言って，完成されたCRT（図1.9）のツリーの中の検証時の追加注入カード〈紙ラベル（過去の成功）の方法に固執〉を指差

した.

「もしこのステートメントが思いつかなかったとしましょう. そのときはこのカルタによってこのような内容が連想でき, これによってこれより上のツリー（系統1）と, 下の部分（系統4）を論理的に結びつけることができたはずです. さてこの次のカルタを見てみましょう. これは《グループ会社やパートナーとのwin-winを構築できていますか？》ですが, このカルタからも, 〈X社にwin-winの提案が行えていない〉というこの注入カードが連想できたでしょう」

このようにして, 高橋は, 完成されたCRTの注入カードの中から, 13枚を抜き出し, カルタとの関係を示して見せた（図1.11）.

「このように, カルタを使ってCRTをやれば, 皆さんだけでも, 十分できると思いますよ」（☞ コラム4 カルタを使用するメリット）

一同, 納得しながらも, 新開は少しためらった様子を見せながら,

「ということは, 連想によって個々の注入カードの表現は違っても, 問題が我が社特有というよりも, どこの企業も大体同じということですか」と, 少し不満な様子で質問をした.

「そうですね. よいところに気がつきましたね. まぁ, そうですが, 大事なことは, それぞれ企業によって置かれている状況や, 内部の体制も違います. したがって中核問題も当然異なってきます. そして何より, CRTの論理を展開する過程で, 皆さん自身が問題の因果関係を苦しみながらも検討し, 共有するという体験が大切です. ですから, カルタはあくまで, ツリーの展開に行き詰まったときに使うというのが原則です」

高橋は, さらに思いついたように, 言葉を続けた.

「これはカルタとは関係ないことですが, 言い忘れていました. CRTをやる場合には, それは何かということは分からないにして

第1部 経営革新の中核問題

2-1 目先の日常業務ばかり追っかけていませんか？─優先順位が確立されていない
→ 連想 → 余計なことはやりたくない／目先の日常業務に追われている／業務の優先順位が不明確

2-2 積極的なチャレンジ精神をもっていますか？
→ 連想 → へたに責任を取らされたくない

3-1 責任の所在が行方不明になっていませんか？
→ 連想 → 責任と権限の仕組みができていない

6 会社利益のための業務を行うことが評価されていますか？
3-3 部門間に"カベ"が存在していませんか？─部門利益最優先─協調性の欠如─情報の非共有
→ 連想 → 結局は我が部署の利益が優先

中長期的な視点での業績評価の仕組みがありますか？
→ 連想 → 業績評価の尺度が見えない

6 業績評価の仕組みに納得していますか？─全社利益の促進剤
→ 連想 → 全体最適な評価が与えられていない／紙ラベル以外に対する業績評価基準が存在しない

2-2 今までの成功体験に固執していませんか？
→ 連想 → 紙ラベル（過去の成功）の方法に固執

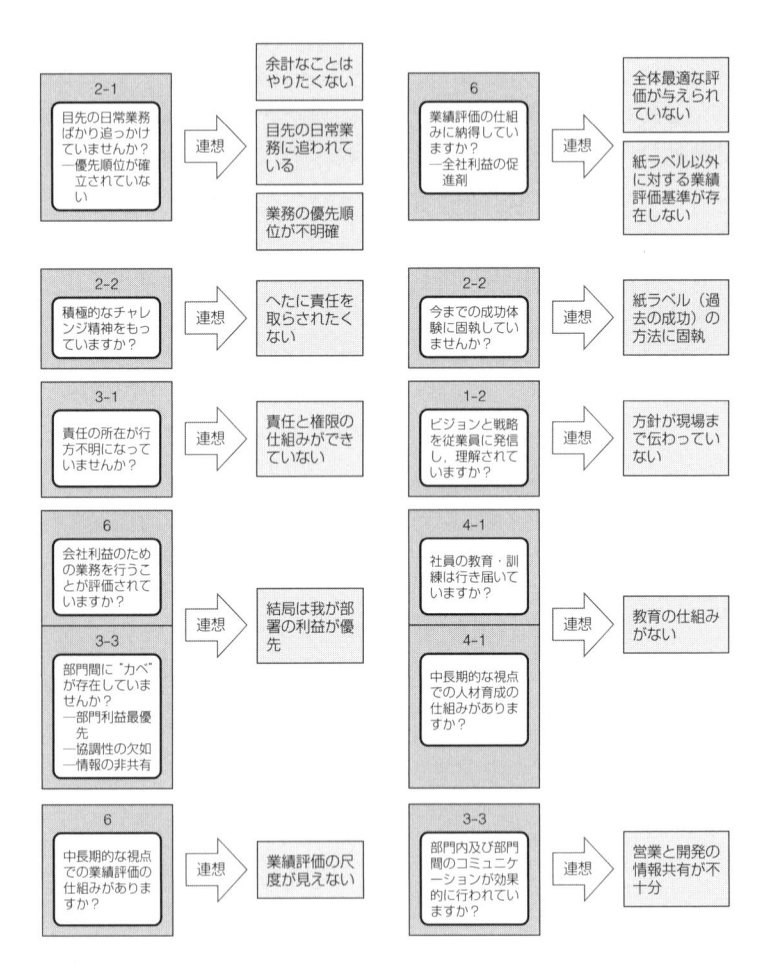

1-2 ビジョンと戦略を従業員に発信し、理解されていますか？
→ 連想 → 方針が現場まで伝わっていない

4-1 社員の教育・訓練は行き届いていますか？
4-1 中長期的な視点での人材育成の仕組みがありますか？
→ 連想 → 教育の仕組みがない

3-3 部門内及び部門間のコミュニケーションが効果的に行われていますか？
→ 連想 → 営業と開発の情報共有が不十分

図 1.11 カルタによる連想

も，問題があることを認識するメンバーで実施することが望ましいのですが，FRTの場合には，逆にブレークスルー案の実施に関与するメンバーになるべく多く参加してもらうのがよいでしょう．今回も，嵐田さんと石川さんに新たに参加していただきました．というのも，ブレークスルー案というものは，あくまで案であって，FRTのときにお話ししたと思いますが，その実施には副作用やマイナスの枝が必ずあります．それに対してあらかじめ刈り取る対応策を盛り込んでおかなくては，単なる絵に描いた餅になりかねません．そのマイナスの枝を発見するには，反対派や"Yes 〜, but 〜"式の得意な人が役に立ちます．この"but"の部分がマイナスの枝であり，そういう発言を引き出すとともに，それを刈り取るアイデアを一緒に考えることによって，そのような方々に改革案を同調させる効果もあります」

すかさず，嵐田が，苦笑いしながら，

「ちょっと待ってください．どうも私はその役割で呼ばれたようですが」

というと，一同に笑いが起こった．松井も笑いながら，

「いやいや，そんなことはないよ．今の高橋先生の話は，私自身初めて聞いたのだから．嵐田君，そんなことは決してなく，ブレークスルー案の実施にあたって，営業の石川君と君には私と一緒に，先頭に立ってもらうためだよ」

「社長分かっています．しかし正直申し上げて，もし今回参加しなければ，反対派的な思考になる可能性は十分あり得たと思いますし，何より問題の因果関係まで理解するには時間がかかったでしょうね」という素直な感想を述べた．

そして，それをフォローするように，石川が，

「なるほど．CRTにはそういった心理学的要素も組み入れられて

いるわけですね．よいことをお聞きしました．カルタ方式とともに，ぜひ営業でやってみたいと思います」

カルタ方式の説明と，FRT についての補足説明，それに関連したハプニングがおさまったところで，高橋が，外を見ながら，

「だいぶ時間が超過してしまいました．カルタの一式は置いていきますので，ぜひご活用ください．これで終わりにさせていただきます」

これに一同が改めて高橋に謝辞を述べた後，石川の提案による飲み会に，松井が高橋も誘い 30 分後に玄関に集合ということになった．

*

3 か月後，方針管理の枠組みやその評価の仕組みの変更や，新し

コラム 4 ▶ カルタを使用するメリット

　実際に企業や組織で CRT を適用する際には，いろいろな制約が存在する．これらの制約によって，CRT 展開上，最も重要である厳密な因果関係の検証に妥協が生じてしまうことがある．その解消のためにカルタを活用する．

1. 時間的制約の解消
　視点が半強制的に投げかけられることによって，短時間で効率的に思考が促される．
2. メンバー的制約の解消
　企業活動を検証する際に必要と思われる多様な視点を包括的に提供されることによって，視野が広がり，偏りのない，より本質的な中核問題への到達を助ける．
3. 職位上下関係の制約解消
　部下からは言い出しにくいことも，カルタによって視点を示されることで，議論の始点や厳密な因果関係の議論が進む．

い枠組みでの部課長を集めた研修も行われた．そして何より，新開や石川がリードする形で，新商品開発だけでなく，営業や製造，総務といった部門内でも，全体最適の観点から，"何を"改善すべきか，改革すべきか，というCRTが活用されるようになってきた．ここへきて松井は，個人個人が松井印刷のゴールに向けて，何を，どのように行動したらよいのかが分かるようになりつつあることを，実感するようになった．

エピローグ

阿部は，少し酔いが回ってきた頭の中で，半分は自分の会社に置き換えながら，松井の話を聞いていた．そして松井の話をさえぎるように，たずねた．

「CRTとか中核問題とか難しいことを言っているけど，結局，松井のところの中核問題は何といったっけ〈全体最適な評価が与えられていない〉という常識的なものじゃないか．そういったものにわざわざ時間をかける必要はあるのかい」

「そういうと思ったよ」と，松井はニヤリとした．

「高橋氏によれば，中核問題というのは各社異なるものの，それらは阿部が言うように，たいていは常識的なものだそうだ．問題は，企業が抱える成功体験やいろんなものに漬かっていると，その常識がそれらの雲に隠されて見えなくなるのだそうな．ウチの場合もそうだ．方針管理とか，チームアプローチとか，いろんな経営手法を導入しても，常識的な中核問題が邪魔をして，いわば空回りしていたんだ」

「ふーん．なるほどね」阿部は，半信半疑で答えながらも，ふと先日の日経新聞の朝刊記事が頭の中によみがえった．それは，箱根で開催された品質管理シンポジウムでのN社社長の講演内容のあ

らましを報じたものであった．その内容は，確か，次のようなものであった．

> 企業が苦境に陥るのは外部要因ではなく，むしろ社内にあり，経営者がやるべきことをやらなかったからだ．経営者というものは，問題を感じていても1 000社中999社はその問題を過小評価する．まずその問題を特定することが一番大切である．短期に改革のゴールを達成させた過程で，私がやったことは，問題を特定し，グループ全員で力を結集できるビジョンを掲げ，一人ひとりが実行できる計画を立案し，そして成果を計測して公正に評価する方法で，やる気を引き出したことである．

「なるほど，中核問題を常識と片付ける自分こそ，1 000社中999社の一人かもしれない．待てよ．自社の問題を特定できているだろうか」

阿部は背筋が寒くなるような感覚におそわれた．

---

* 本文中の"ポスト・イット"は，3M社の登録商標である．

〈付録〉カルタ

カルタは，CRTの展開で行き詰まったときに，連想による新たなステートメントの着想を得るためのものである．

次ページに示す構造的に整理された全部で38枚のカルタは，全体最適系（あるべき姿の立場からの問い）24枚，部分最適系（問題点の立場からの問い）14枚（影をつけたカード）からなる．

これら1枚1枚をカードにしたうえで，トランプのように任意に取り出し，読み上げることによって，当該組織特有の潜在的問題点の連想を助ける役割をもつ．

第1部 経営革新の中核問題

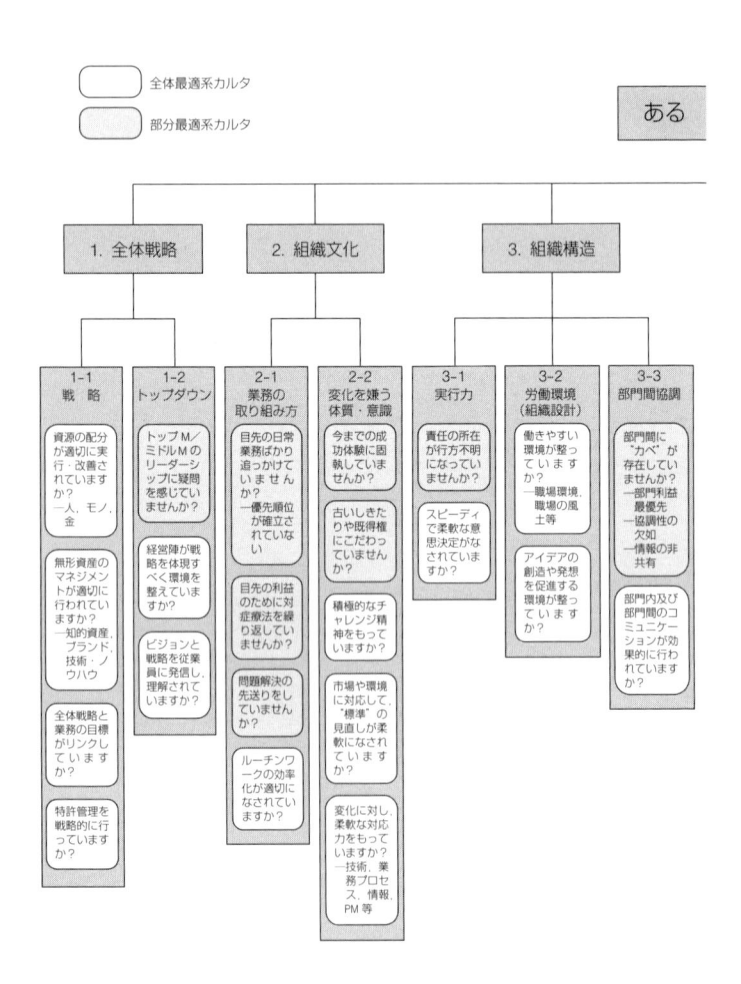

```
□ 全体最適系カルタ
▨ 部分最適系カルタ
```

ある

1. 全体戦略

1-1 戦略
- 資源の配分が適切に実行・改善されていますか？
  —ヒト，モノ，金
- 無形資産のマネジメントが適切に行われていますか？
  —知的資産，ブランド，技術・ノウハウ
- 全体戦略と業務の目標がリンクしていますか？
- 特許管理を戦略的に行っていますか？

1-2 トップダウン
- トップM／ミドルMのリーダーシップに疑問を感じていませんか？
- 経営陣が戦略を体現すべく環境を整えていますか？
- ビジョンと戦略を従業員に発信し，理解されていますか？

2. 組織文化

2-1 業務の取り組み方
- 目先の業務ばかり追いかけていませんか？
  —優先順位が確立されていない
- 目先の利益のために対症療法を繰り返していませんか？
- 問題解決の先送りをしていませんか？
- ルーチンワークの効率化が適切になされていますか？

2-2 変化を嫌う体質・意識
- 今までの成功体験に固執していませんか？
- 古いしきたりや既得権にこだわっていませんか？
- 積極的なチャレンジ精神をもっていますか？
- 市場や環境に対応して，"標準"の見直しが柔軟になされていますか？
- 変化に対し，柔軟な対応力をもっていますか？
  —技術，業務プロセス，情報，PM 等

3. 組織構造

3-1 実行力
- 責任の所在が行方不明になっていませんか？
- スピーディで柔軟な意思決定がなされていますか？

3-2 労働環境（組織設計）
- 働きやすい環境が整っていますか？
  —職場環境，職場の風土等
- アイデアの創造や発想を促進する環境が整っていますか？

3-3 部門間協調
- 部門間に"カベ"が存在していませんか？
  —部門利益最優先
  —協調性の欠如
  —情報の非共有
- 部門内及び部門間のコミュニケーションが効果的に行われていますか？

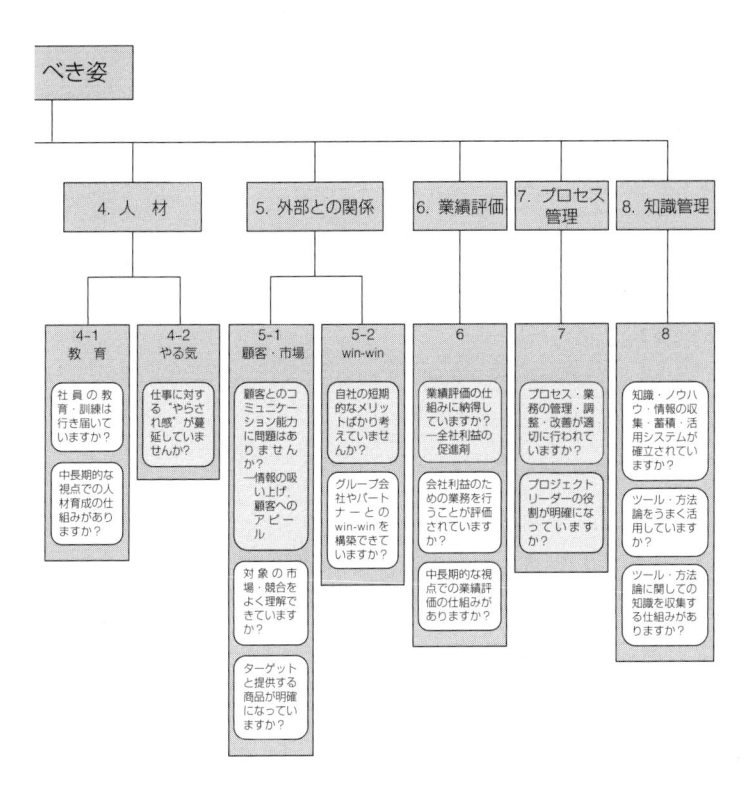

付録　カルタ

```
べき姿
├─ 4. 人材
│   ├─ 4-1 教育
│   │   ├─ 社員の教育・訓練は行き届いていますか？
│   │   └─ 中長期的な視点での人材育成の仕組みがありますか？
│   └─ 4-2 やる気
│       └─ 仕事に対する"やらされ感"が蔓延していませんか？
├─ 5. 外部との関係
│   ├─ 5-1 顧客・市場
│   │   ├─ 顧客とのコミュニケーション能力に問題はありませんか？
│   │   │   ―情報の吸い上げ，顧客へのアピール
│   │   ├─ 対象の市場・競合をよく理解できていますか？
│   │   └─ ターゲットと提供する商品が明確になっていますか？
│   └─ 5-2 win-win
│       ├─ 自社の短期的なメリットばかり考えていませんか？
│       └─ グループ会社やパートナーとのwin-winを構築できていますか？
├─ 6. 業績評価
│   ├─ 業績評価の仕組みに納得していますか？
│   │   ―全社利益の促進剤
│   ├─ 会社利益のための業務を行うことが評価されていますか？
│   └─ 中長期的な視点での業績評価の仕組みがありますか？
├─ 7. プロセス管理
│   ├─ プロセス・業務の管理・調整・改善が適切に行われていますか？
│   └─ プロジェクトリーダーの役割が明確になっていますか？
└─ 8. 知識管理
    ├─ 知識・ノウハウ・情報の収集・蓄積・活用システムが確立されていますか？
    ├─ ツール・方法論をうまく活用していますか？
    └─ ツール・方法論に関しての知識を収集する仕組みがありますか？
```

第2部

新商品開発を進めるヒント

プロローグ

　阿部にとって，居酒屋で酒を飲みながらの松井の話は，難しいカタカナの言葉も多く，業種も異なっていたため理解は半分程度であった．もっとも，ゲーム感覚の作業で中核問題を探索したということだけは，おぼろげに理解できた．
　「……しゃべりながら結論に至ることは，お互いが理解し合うにはいいなぁ……」
と変に感心しながら，結局，経営者にとって全体最適と唱えながら，それを実践するために自社の中核問題は何かということをまず考えなければならない，というセリフが彼の脳裏に焼きついて残った．
　CRT とかいうのは自分のところでも近いうちにチャレンジするとして，その前に，簡単に自社の強み，弱みが自己診断できるという，松井の言っていた新商品開発スコアカードなるものの資料を送ってもらうことを頼んで，その日は別れた．

*

　数日後，阿部の手元に小冊子が届いた．
　「松井印刷株式会社……．あぁ，この前，松井が送ると約束してくれた資料が来たか」と，早速開封した．
　松井からの走り書きのメモには，次のようなことが記されていた．
　「悩める企業戦士よ！　そこに本質問題がある．同封のバイブルを見よ」
　阿部は，「なんだ，コレ．ハムレットじゃあるまいし．変にカブレやがって」とあきれ顔になって，手元のタバコに火をつけた．同封されていた小冊子をパラパラとめくりながら斜め読みを進めた．
　小冊子の表紙には『おはなし新商品開発』，副題に『事例で分かる CRT や新商品開発スコアカードの威力！』と記されていた．松

井印刷をコンサルティングした高橋氏の執筆によるものであることは分かったが，阿部にとっては難しい代物であった．

「まぁ，ちょっと現場を回ってくるか……」
と，阿部は席を立った．そのとき，この小冊子が彼の会社にとって，後々松井の言葉どおりバイブルになろうとは夢想すらしなかった．

さらに数日後，松井からの電話で，阿部は彼に礼を言うのを忘れていたことを悔いた．

「おれだ，松井だ．例のやつを読んだか」
「えぇ？ あぁ，あの小冊子か，ザッと読んだ」
「読んでどうした？」
「読んでどうした，って．俺にはチンプンカンプンで分からん．"開発体制"とか何とか，難しすぎるぞ」
「オマエさんに読んでもらおうと思って送ったものじゃないぞ」
「誰が読むんだ？」
「純一郎くんだ．オマエさんの後継者だろう？ 人材育成をしなくちゃ．後継者作りだよ．老兵は去るのみ，というだろう」
「まだまだ．アイツは見習中だ」
「彼なら，あのバイブルを理解できるはずだ」
「……」
しばらく松井と電話でやりとりした後，阿部は机の書類の下に埋もれていた例の小冊子を取り出した．

「さて，純一郎に勉強させるか」

1. 己を知り，敵を知ろう

阿部純一郎は，父一郎から手渡された小冊子を休日に読み進めることにした．

彼自身は，大学で機械工学を専攻しており，メカの素養があり，いわゆる基本的な工程設計，作業標準類の作成や治具工具類のポンチ絵など，一通りの技術的業務をこなしてきた．今では，親会社の生産技術者や検査担当者との対応もソツなくこなし，次期経営者として信頼もされている．

ある土曜日，純一郎は遅めの朝食の後，例の小冊子に目を通すことにした．最初に，目に入った文章は次のようなものであった．

> **新商品開発スコアカードとは**
> このスコアカードは，企業又は組織の新商品開発の現状におけるプロセス，仕事の仕方やツールの活用の仕方，そして実績を，戦略・組織，計画・実行力，パフォーマンス，ツールやIT活用の四つの側面に関連した25の項目について評価するものです．この評価を通じて，企業／組織の現在の新商品開発のあり方の強みや弱みを知り，成功率の高い新商品開発を効率よく，スピーディに行うための改革を促すことをそのねらいとしています．

思わず，純一郎は姿勢を正し再読した．丁寧に読めば，まぁ，何とか分かりそうかなぁ，と思ったのが正直な感想である．具体的にはどのようなものだろうかと，ページをめくると，小さな文字が目に入る．なるほど，チェックシートのスタイルになっている．四つの大項目がある（表2.1）．

1. 開発体制
2. 計画／実行力
3. 開発パフォーマンス
4. ツール／情報技術の活用の仕方

表 2.1　新商品開発

大項目	No.	設問	回答欄	レベル1	レベル2
1. 開発体制	1.1	開発戦略の明確さと資源の確保		特に中長期の開発戦略・目標をもっておらず,その場しのぎの開発に追われている.	一応の中長期のビジョン・シナリオがあるが,資源確保の計画とリンクしていない.
	1.2	特許戦略とパートナーシップ		特許申請についてノウハウをもっていない.	特許申請についての経験やビジョンをもっている.
	1.3	技術と市場のマッチングとベンチマーキング		新商品開発にあたって自社シーズだけに基づく一人よがりの傾向がある.	自社シーズとそのターゲット市場のマッチングは考慮されている.
	1.4	顧客・市場のニーズ把握とその関係		顧客・市場のニーズを把握していない,又は取り入れていない.	顧客・得意先のニーズは理解しているが,属人的な暗黙知化している.
	1.5	サプライヤーとの連携関係		サプライヤーとは短期的な契約関係で技術や品質上の情報もあまり把握していない.	サプライヤーの選定に際しては,技術及びQCDを十分評価したうえで行われているが,開発時の情報共有は希薄である.
	1.6	人材育成と開発組織		特に開発を意識した人材育成プログラムは存在しない.	人材育成や教育プログラムはあるが,どちらかといえば場当たり的である.
2. 計画／実行力	2.1	企画の質		どちらかといえば思いつき的な新商品企画になっている.	一応の市場分析や取引先のニーズ把握がなされ,自社のシーズに基づく企画がなされているが,やや場当たり的である.
	2.2	生産技術力		生産技術力不足で企画の質を下げてしまう.	企画のねらいを満足するには生産技術力がやや不足である.
	2.3	設計開発のプロジェクトマネジメントと進捗管理		プロジェクトマネジメントの考え方がなく,進捗管理もあいまいである.	一応の納期目標は策定されているが,そのためのマイルストーン設定などの管理があいまいである.

スコアカード

レベル3	レベル4	レベル5
中長期の開発戦略と，資源獲得の計画が策定されている．	レベル3のシナリオのもとに，必要な先行技術開発もなされている．	中長期戦略のもとで，自社技術の強み・弱みと市場動向の分析が行われ，先行技術開発と個別の新商品開発がリンクされている．
明確な特許戦略がある．	自社特許だけでなく，パートナーシップについての戦略が確立されている．	体系的なリスクマネジメントのもとに自社開発，共同開発，提携などの開発ポートフォリオ体制がある．
レベル2において，ターゲット市場で競合する他社のベンチマーキングが行われている．	自社シーズの強み・弱みを知ったうえで，既存のターゲット市場に加えて新たな市場を開拓する視点がある．	世界的な競争を視野に入れたベンチマーキングと，それに基づく技術開発と市場開発が体系的に行われている．
顧客・得意先のニーズについて営業とも連携して把握されている．	レベル3が系統的に行われ，開発後の情報も常にフィードバックされ，次期商品開発に活用できる仕組みがある．	レベル4の体制のもとで，顧客への提案や連携をもとに双方向の開発が行われている．
開発時に緊密な情報共有があり，場合によっては技術支援も行っている．	レベル3に加えて，開発プロセスのオーバーラップや同時進行に結びついている．	レベル4に加えて，それが相互学習につながり，恒常的なwin-win体制になっている．
将来計画に基づく必要な技術の洗い出しとその育成プログラムが整備されている．	レベル3に加えて，必要技術のマップと現状レベルが把握され，かつ多専門化プログラムが連動している．	レベル4に加えて，状況に応じた開発チームやその組織形態を組み，うまく機能している．
レベル2の手順が標準化されている．その一方で形骸化した問題もあり，それが有効な企画を阻んでいることがある．	レベル3の問題を克服するためと同時に独創的アイデアを活かすための仕組みをもっている．	企画立案のための標準の見直しが常に行われ，同時に独創的アイデア創出のための人材育成と風土ができている．
企画のねらいを満足できる生産技術力をもっている．	企画のねらいを満足できる生産技術力をもっているが，さらに企画の質を高めるには至っていない．	高い生産技術力で企画のねらい以上の質を高める．
納期目標や品質目標とその達成過程のマイルストーンも設定できているが，それを確実にするための方策がとられていない．	レベル3の問題点を克服するために進捗計画（例えばPDPC法の活用）と管理の仕組みがある．	レベル4に加えて，設計変更や進捗情報の情報共有の体制があり，不測の事態にもリーダーによる調整がとれる環境ができている．

表 2.1

大項目	No.	設問	回答欄	レベル1	レベル2
	2.4	DR（デザインレビュー）の実施とその質		DRという考え方そのものがない．	DRの考え方は知っているが，その実行は定着化していない．
	2.5	品質保証の体系化と信頼性の確保		品質保証の体系がなく，信頼性確保の体制も十分ではない．	一応の品質保証の体系図はあるが，それが有効に機能しているか分からない．
	2.6	コンカレントエンジニアリング体制		開発に関連した部門・組織間の情報共有ができておらず，プロセスがシーケンシャルになっている．	開発プロセスのオーバーラップは意識されている．
	2.7	デザインラショナーレの実施と次期開発へのフィードバック		設計開発プロセスの記録はほとんど残していない．	設計会議の議事録等は残しているものの，そこから問題点を見出し次の開発に活かされることはほとんどない．
3. 開発パフォーマンス	3.1	新商品の質，ワクワク度		新商品に対する顧客満足度は低く，クレームが多く，その対応に追われることが頻発している．	市場，顧客からの評価はあまり高くないが，不満は必ずしも多くない．
	3.2	開発リードタイムと納期		開発途中での手戻りもあり，開発納期が守れないことがある．	開発途中で手戻りが頻発するなど，いつも開発納期が守れない．
	3.3	開発効率（フロントローディングの活用度）		開発効率は評価していないし，開発工数も測定していない．	開発工数は測定している．
	3.4	原価企画の実施と質		目標原価という考え方やその達成のための活動がなされていない．	調達を中心にVE活動は行われているが，源流段階でのコストの作り込みはできていない．
	3.5	DFE（環境適合設計）の質		商品開発・設計において，特に環境問題について配慮していない．	一応の環境への配慮はあるが，DFEのための基準やルールは整備されていない．

1. 己を知り，敵を知ろう

(つづき)

レベル 3	レベル 4	レベル 5
部門横断的なメンバーの参加によるDRが定着化しているが，定期的な見直しは行っていない．	DRが形骸化しないように新商品開発ごとに参加メンバーや実施時期・回数を見直している．	レベル4に加えて，有効なDRにするために必要な情報がデータベース化され，支援システムも整備されている．
品質保証の体系は整備され，問題点の前出しや流出防止の考え方もかなりできている．	レベル3に加えて，重要品質問題や信頼性にかかわる事項にFMEAや信頼性解析が用いられている．	レベル4に加えて，品質保証が源流管理を徹底したコンカレント・エンジニアリングの設計開発プロセスと完全にリンクしている．
レベル2の実現のために社内の部門間の情報共有の仕組みがなされている．	レベル4が社内だけでなく，サプライヤーや得意先を含めたものになっており，常にブラシュアップされている．	レベル4の体制強化のために顧客ニーズ，環境負荷を考慮に入れ，機能している．
設計会議等の議事録が次期開発へのフィードバックをねらった書式になっており，かなり実践されている．	レベル3に加えて，公式な設計会議だけでなく，インフォーマルな設計変更等の意思決定時にも拡大されて効果を上げている．	レベル4に加えて，過去の履歴の反映だけでなく，進行中の設計開発にも情報共有の仕組みとして活用されている．
既存事業，既存市場を対象とした新商品についての市場，得意先からの評価は高いが，その段階にとどまっている．	レベル3において，既存商品の枠を越えた開発を市場・得意先から期待され，かなり対応できている．	既存市場にない市場や得意先に新たな"ワクワク感"を与えるような新商品が開発できている．
顧客の要求や予定納期はほぼ達成できているが，それが合理的開発期間であるかどうかは判断できない．	顧客の要求や予定納期はほぼ達成できて，おおむね合理的開発期間となっている．	レベル4に加えて，必要な要素技術を戦略的に先行開発し，そこからの玉出しにより短期の納期にも対応できる瞬発力をもっている．
開発工数を効率化するために，フロントローディングなどの工数のかけ方の計画も工夫している．	レベル3に加えて，問題点の前出し活動の影響（下流で発見するほど級数的にコストがかかる）も評価している．	レベル4の実践を通して常に開発工数の見直しや，効率アップが実現されている．
目標原価の考え方があり，源流でコストの作り込み活動が行われている．	レベル3の取組みが，商品設計，作り方，買い方（調達）のそれぞれの側面から体系化できている．	レベル4の取組みによって，ほぼ完全に目標必達の状況が続いている．
DFEに関する指針やルールがあり，実行されている．	レベル3に加えて，環境負荷に与える影響を定量的に評価し，その削減の取組みがなされている．	レベル4の取組みが，商品使用者などによる商品ライフサイクル全域にわたるスコープで評価され，設計されている．

表 2.1

大項目	No.	設問	回答欄	レベル 1	レベル 2
	3.6	初期流動管理の長さ		生産技術力の不足もあり，新商品の立ち上げ後トラブルが頻発し安定するまでにいつも長期間を要している．	新商品の立ち上げ後トラブルが頻発するが，生産技術力でカバーしてしている．
4. ツール/情報技術の活用の仕方	4.1	QFD（品質機能展開）の活用度		QFD を知らない，又は知っていても使用していない．	品質表などを一部導入しているが，あまり組織的に使われていない．
	4.2	DFM 情報，MP 情報活用度		商品設計や設備設計において過去のトラブルや問題点の情報が活用できる仕組みができていない．	製造・組立容易性設計やメンテナンスのしやすい工程設計の考え方はあるが，属人的なノウハウに頼っている．
	4.3	FMEA など信頼性手法の活用		新商品の信頼性という考え方そのものが希薄で，市場投入後の信頼性問題のトラブルが頻発している．	開発時に信頼性を確保する考え方はあるものの，事前の問題摘出のための具体的な手法は用いられていない．
	4.4	CAD（2 次元，3 次元），CAE の有効活用度		CAD や CAE の導入の必要性がありながら未導入であったり，導入しているものの効果を出せないでいる．	必要なところには CAD や CAE を導入しているが，ブラックボックス化現象もあり部分的な効果しか発揮できていない．
	4.5	技術データベースの整備と PDM		図面の書き方や番号も部署や人によって異なるなど，技術データの再活用が全くできていない．	技術や製品モデルのデータベース（紙ベースを含む．）と呼ばれているものはあるが，その活用はうまくできていない．
	4.6	技術データ交換のデジタル化の程度と標準化		開発を連携するパートナー間において図面の標準化やデジタル化に対応できていない．	双方の情報共有を促進するためのいくつかの標準化や共通化はできている．

デザインラショナーレ：設計プロセスの記録やデータ類を整備保管し有効活用を図ること．
フロントローディング：一連の開発プロセスで問題点の早期検出など源流の工程に注力する活動．
DFE（Design For Environment：環境適合設計）商品のリサイクルや安全性を高める設計．
DFM（Design For Manufacturability：製造容易性設計）製造しやすい設計を行い品質や製造の効率化を図る．

1. 己を知り，敵を知ろう

(つづき)

レベル 3	レベル 4	レベル 5
初期流動について生産技術の役割を含めた明確な指標をもっており，新商品開発ごとに改善施策がとられている．	関係部門の技術的・人的協力で計画的な初期流動管理が進む．	強い生産技術にも支えられ初期流動期間を限りなくゼロに近づけている．（垂直立ち上げ）．
要求品質の把握から出発し，機構・設備，部品などの一連の機能展開表を作成している．	レベル 3 において，部門間の情報共有や問題点の前出しの道具としてうまく機能している．	レベル 4 の進化形として，自社独自の工夫を盛り込んだ使い方やシステム化がなされている．
チェックリスト程度のノウハウ集は整備され，実践されている．	DFM 情報や MP 情報としてデータの収集と活用が体系的に行われている．	レベル 4 がナレッジマネジメントのシステムとして，大きな効果を上げている．
重要部品については FMEA や FTA，信頼性解析の手法が用いられている．	レベル 3 において，重要部品の定義が明確にできていて効率的な手法の活用ができている．	レベル 4 に加えて，最適な信頼性設計がなされ，工程設計についても FMEA などの効率的活用がなされている．
CAD や CAE の導入で，開発設計のスピードアップやシミュレーション技術による問題点の前出しが行われ，一応の効果に結びついている．	レベル 3 において，試作回数の削減やコンカレント・エンジニアリングのツールとしてうまく機能している．	レベル 4 において，特に 3 次元 CAD と独自のノウハウを組み合わせた CAE により試作レスなどの劇的な効果を出している．
レベル 2 において，図面番号の一元化や再活用のための管理ができている．	レベル 3 に加えて，情報・データがデジタル化され，活用のための一元管理ができている．	レベル 4 の PDM について，激しい技術の変化にも有効活用ができるよう構成管理にも十分対応したものになっている．
デジタル情報でのデータ交換も一部なされているが，個別でしか通用しない専用標準であり効果は限定的である．	レベル 3 に加えて，インターネットの活用や，例えば STEP 等のオープン標準による交換も視野にあり，効果を上げている．	機密性も考慮しながら最大限にオープン標準を採用し，系列を超えた win-win 関係の効率的データ交換も可能にしている．

MP（Maintenance Prevention）情報：既設設備の故障や不具合の履歴情報を用いて新設備や工程設計に役立てる．
PDM（Product Data Management：製品情報管理）商品開発に関する技術，製造，生産管理情報を有効活用するための一元的データベース管理．
STEP（Standard for the Exchange of Product Data Model）：国際間の技術，製造，生産管理データの交換基準．

の各々に 6, 7 項目の質問がある．質問とそのレベルをチェックする文章は難しい．意味を知らない用語もある．あまり横文字を羅列してほしくないな，と一人つぶやきながら，再び紙面に目を落とした．

「お父さ〜ん，コーヒー飲む？」

1 階の台所から，妻の声が聞こえた．

「あぁ，頼む．持ってきてくれ」

「はぁ〜い」

ほどなく，妻がいい香りのするコーヒーを持って，部屋に入ってきた．純一郎は小冊子から目をそらし，ジノリのコーヒーカップに手を伸ばして，妻を見上げた．

「うん？　出かけるのか？」

「えぇ，そうよ．今から，カルチャーセンターに出かけるの．すごいのよ．主婦のための IT 講座，というの」

「ほう．軽チャーと冷やかしちゃ，あかんな」

「パソコンに関心があるの．あなたが教えてくれないから，セミナーを受講するの．インターネットショッピングもしてみたいわ．あなたも何かお勉強なの？」

「そうなんだ．経営革新しなくちゃ．チェックリストみたいなものなんだが，結構ハイレベルで……」

「お互いがんばりましょうね」

妻はにっこりと笑って部屋を出て行った．妻が去った後，ほんのりと甘い香りが残っていた．何事にも積極的で性格も明るい妻に勇気づけられたことが過去何度もあった．

「主婦にも IT ブームか．カルチャーセンターもお客さんの確保に必死なんだなぁ．お客さんあっての商売だから，カルチャーセンター間の競争も激しいだろうな．IT 講座で差別化か……」

1. 己を知り，敵を知ろう

純一郎は気に入っているジノリの模様を見ながら，

「この陶器のカップが高い値段を維持しているのは，品質はもとよりブランド力で勝負しているわけか．日本人はブランドに弱いから……」

とつぶやきながら，小冊子の折込みチラシを広げた．

「……セミナーの開催案内か．あぁ，これか……」

純一郎が難儀しそうな"新商品開発スコアカード"についての1日セミナーのチラシである．会場もそう遠くないし，幸い土曜日開催コースもある．純一郎が早速，申し込んだのは言うまでもない．

*

教室に入るのは何年ぶりだろう，せっかくお金を払うのだからと思い，純一郎は最前列に席を確保した．講義中は禁煙というので，講義開始前に一服と思い，喫煙コーナーに足を運んだ．既に数人の受講者がタバコを吸いながら，雑談をしている．純一郎と同じくらいの年代である．きっと自分と同じような立場なのだろうと，軽く会釈をして近づいた．雑談が聞くともなく耳に入ってくる．

「……このセミナーは，結構具体的な事例紹介が多いそうだよ」

純一郎は，しっかり聞いて帰ろうとファイトが出てきた．

さて，最初はセミナー主任講師・高橋氏による"新商品開発スコアカード概論"である．

「主任を務める高橋です．このセミナーは，皆さんが元気になるよう，企業の若手経営幹部の方々に提供するセミナーの一つです．最近著名な大企業でも，重大な品質問題やリコールが多発しています．企業を取り巻く環境は刻々と変化しています．技術が高度化し，部品の共通化やプラットフォーム化，またITを使った設計開発等，仕事の仕方も変わってきています．過去成功していたといっても，今日お話しする内容は大企業にとっても中小企業にとっても常にチ

ェックしておくべき重要なことです」

「……企業が元気であるためには，継続して新商品をヒットさせることが一つのポイントですね．新技術の開発しかり，上手なマーケティングや販売，流通の革新など，ハード，ソフトともに特色ある対応をしなくてはなりません．昨今，大変ですよね．

では，新商品開発を上手に進めるためには，何から始めるとよいのでしょうか？　そこで，今回はここで簡単なチェックシートを用いる方法を紹介したいと思います．まず，強み・弱みの再認識からスタートすることをお勧めします．ともかく今日の激しい競争に勝ち残るためには，孫子の兵法である"己を知り，敵を知る"ことが第一歩です．今更とお思いの方もいらっしゃるかもしれませんが，経営者が自社の弱点，特に本質的な問題をしっかり理解して，その対策をキチンと進めることが肝要です……」

高橋講師の得意とする CRT と新商品開発スコアカードについてのさりげない導入であった．これは，後になって純一郎が分かったことである．

「誰もが口にするのですが，どうしてなかなか困難なのが，お客様重視，顧客第一なのです．新商品開発を進めるうえで，まずベースとなる考えがこれです」

しばらくして，純一郎はノートにこうメモした．

・顧客満足…顧客，市場のニーズ．
・新商品開発 SC のねらい…自社の強み・弱みを知る．
　　　　　　　　　　　　　　レベル 1〜5 の自己評価．
　　　　　　　　　　　　　　ベンチマーク／教科書．

1. 己を知り，敵を知ろう

　スコアカードといちいち書くのは面倒なので，SC と略号を使うことにした．もっとも，顧客満足（Customer Satisfaction）は CS と略するらしく，ややこしい話である．主任講師が概論の中で話されるいろいろな考え方や主な手法については，後述されるとのことで，純一郎は一安心した．

　顧客満足に関係して"プロダクト・アウト"と"マーケット・イン"という考え方が紹介された．平たくいえば，"プロダクト・アウト"とは，お客様のことを十分考えず企業側の立場で商品開発して売ろうとすること，"マーケット・イン"とは，その逆で，お客様の立場や要望するものを開発して市場に出すことをいう．（☞ コラム 5　顧客満足）

　「昔，"お客様は神様"と名言（迷言）を述べた国民的歌謡歌手もいました……」古い話だなぁ，と思いながら聞いていた．スーパーマーケットの生鮮食品に賞味期限や産地などが記載されているのも食品安全に対する敏感な主婦の意見の反映か．なるほど，消費者の声を聞かなくては，と改めて認識したものである．

　はて，お客様の声，消費者の声といっても，自分の場合は誰になるのだろう．「図面どおりの加工をする賃仕事だけではアカン．下請けでも新商品をドンドン親会社に提案していかないと未来はない」という父一郎の口癖を思い出す．やはり，自分のお客様は親会社であると確信する．

　残念ながら，父一郎にはアイデアはあっても，その新商品の具体的な展開については弱い．商品として売れるものにどうやって育て上げるのか，どういう品質を，信頼性を作り込むのか，あれこれと考えをめぐらせながら，純一郎はテキストと講師の顔を交互に見ながら話を聞いていた．そして，純一郎は"新商品開発 SC"を次のように理解しノートに記した．

- 成功率の高い新商品開発を進めるには，優良企業の実践方法を学ぶ．
- そのための，自社のレベルを知るチェックシート．
- ここから，継続的改善が始まる．

まさに，ベンチマーキングの考え方に沿った進め方である．講義では"新商品開発SC"を使って自社のレベルを知る一通りの自己診断法が紹介された（表2.1，図2.1）．

「私の話は以上ですが，何か質問はありませんか？」

やや間があって，後方にいた受講生が質問をした．

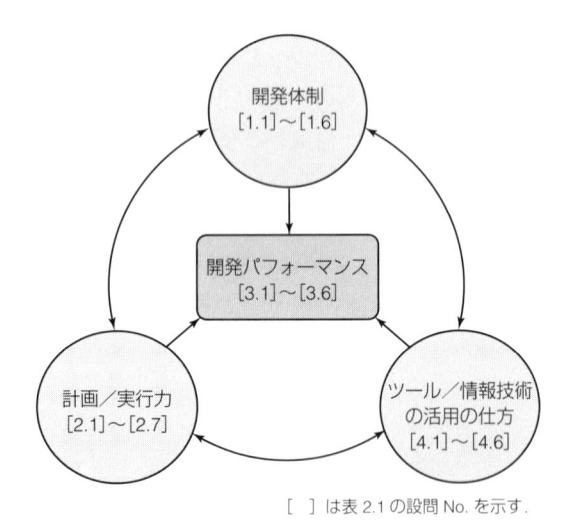

[ ] は表2.1の設問No.を示す．

図2.1 新商品開発スコアカードの構造

「スコアカードにバランスト・スコアカードというものがありますが，それは先生のお話と同じものですか？」

「いいえ．世間でいうバランスト・スコアカードと私が話した新商品開発スコアカードとは違うものです」

高橋講師は歯切れのよい返事をする．

「一言でいえば，バランスト・スコアカードとは，四つの視点から企業活動を評価するものです．四つの視点とは次のものです．

1. 財務の視点……過去の評価
2. 顧客の視点……外部の評価
3. 社内ビジネスプロセスの視点……内部の評価
4. 学習と成長の視点……未来の評価

コラム5 ▶ 顧客満足

お客様に満足していただけることの大切さは，今に始まったことではなく，昔からビジネスの基本としていわれていることである．"マーケット・イン"，"お客様第一"などの言葉は，いずれも顧客満足の追求を表現した言葉といえる．

しかし，実際にその活動を見てみると，単なるスローガンやキャンペーンであったり，お客様相談窓口を設けたり，お客様調査をすることで終わってしまうことも少なくない．

顧客満足（CS: Customer Satisfaction）は，すべてのお客様とその期待，要望から始まるという考え方のもとに，お客様に満足していただくために，何をどのように提供していくのかを考え，それを達成するための仕組みを作り上げる活動によってもたらされるものでなければならない．

モノの普及率が低く，新しいお客様を容易に獲得できた時代は，生産者中心の"プロダクト・アウト"の考え方も通用していたが，現代はお客様に継続して買っていただかなければ，企業の安定は図れない．そのときのキーワードが顧客満足である．

[http://www.jmrlsi.co.jp/menu/yougo（マーケティング用語集）をもとに著者作成．]

もちろん，業績を上げることが最終目的であって，時系列にフォローする大規模な経営評価システムです．一方，今日の新商品開発スコアカードは，新商品開発に特化して，仕組みやプロセスについての簡易なベンチマーキングです．プロセスを重視しているところに特徴がありますね」(☞ コラム 6　ベンチマーキングとベストプラクティス)

ISO 9001 しか知らない純一郎は目を白黒させながらも，大事なことは，アレもコレもつまみ食いせずに，ISO をちゃんと貫徹することだろうと自分に言い聞かせながらも，いろいろな新しいマネジメント手法があるものだなぁと感心した．

＊

次は実習である．なるほど，新商品開発 SC 概論の次は，退屈しないように持ち時間 30 分ほどの手を動かす作業が続く．新商品開発 SC を実際に使ってみて，自社を評価するわけである．

純一郎にとって，一通りの解説は聞いたものの瞬時に判断を下すには少々迷う質問項目も多く，また各項目のスコアもレベル 1, 2 の低い自己採点で気が滅入ってきた．おおむね，受講生の記入が終わった頃を見計らって，講師は，

「巡回しながら，皆さんのスコアカードを拝見しました．正直に，レベル 1 と自己採点した方もいらっしゃるでしょう．ご心配なく．大企業の優良会社のベストプラクティスがレベル 5 です．大企業であっても，実態はレベル 2, 3 の項目もありますから．自社の実態に直面することが大事ですよ．ここで，世間のレベルがどんなものか少しお話ししましょう」

こう言って，講師はスクリーンの解説を始めた（図 2.2）．

「この結果を見ますと，大手 A 社の全項目の平均も 3.5 ですね．小規模な B 社のスコアが小さいのも当然ですね．スコアに小数点

コラム6 ▶ ベンチマーキングとベストプラクティス

　ベンチマーキングとは，一言でいえば"ベストに学ぶ"ということである．ベストプラクティス（経営や業務プロセスにおいて，最も優れた実践方法）を探し出して，自社のやり方とのギャップを分析してそのギャップを埋めていく，また凌駕（りょうが）するために業務プロセス変革を進める，という手法をいう．

　自社の現行ビジネス業務を測定し，それを優良企業の業務と比較する継続的プロセスであり，数値評価もあわせて行うことで，判断に客観性をもたせ，社員に具体的な目標を与えることができる．

ベンチマーキングの手順

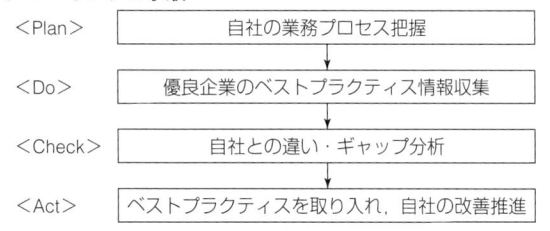

　　＜Plan＞　　　　自社の業務プロセス把握
　　　　　　　　　　　　　　↓
　　＜Do＞　　　優良企業のベストプラクティス情報収集
　　　　　　　　　　　　　　↓
　　＜Check＞　　　　自社との違い・ギャップ分析
　　　　　　　　　　　　　　↓
　　＜Act＞　　ベストプラクティスを取り入れ，自社の改善推進

ベストプラクティス情報の入手方法

　素材や製品類の場合には，次のような情報入手の手段がある．
・他社製品の分解調査……一番簡単な方法だが，性能，特性，体格などのカタログデータを調査した後，現品を分解することで，材料，加工方法，精度，製造工程を推定することができる．
・技術開発レポート……○○技術，△△評論などの企業が公刊している技術レポートからトレンドを知ることができる．
・実用新案・特許情報……やや範囲が限られるが(社)発明協会地方振興グループでは，年間3000件近い実用新案や特許の先行技術調査を引き受けている(無料)．また，特許庁総務課指導班や各地方経済産業局特許室などからも公開済みの実用新案，特許情報を得ることができる（特許庁のホームページ http://www.jpo.go.jp/indexj.htm）．
・見本市，フェア，講演会など

[http://www.jmrlsi.co.jp/menu/yougo（マーケティング用語集），JIS Q 9024（マネジメントシステムのパフォーマンス改善―継続的改善の手順及び技法の指針）などをもとに著者作成．]

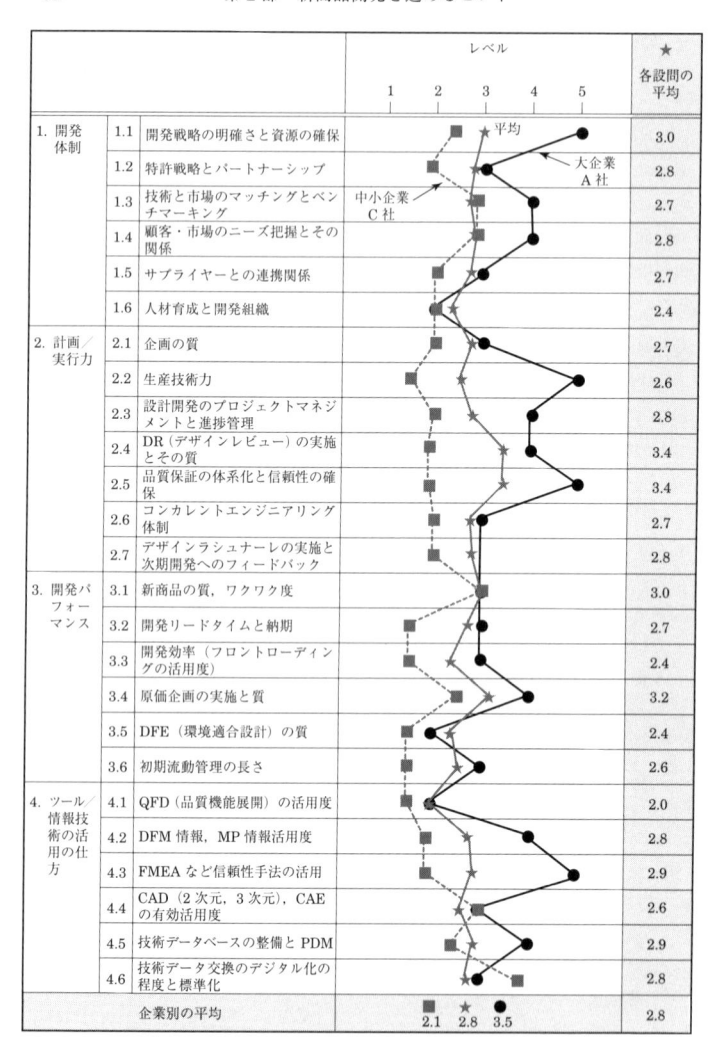

			レベル	★ 各設問の平均
			1　2　3　4　5	
1. 開発体制	1.1	開発戦略の明確さと資源の確保	平均	3.0
	1.2	特許戦略とパートナーシップ	大企業A社	2.8
	1.3	技術と市場のマッチングとベンチマーキング	中小企業C社	2.7
	1.4	顧客・市場のニーズ把握とその関係		2.8
	1.5	サプライヤーとの連携関係		2.7
	1.6	人材育成と開発組織		2.4
2. 計画/実行力	2.1	企画の質		2.7
	2.2	生産技術力		2.6
	2.3	設計開発のプロジェクトマネジメントと進捗管理		2.8
	2.4	DR（デザインレビュー）の実施とその質		3.4
	2.5	品質保証の体系化と信頼性の確保		3.4
	2.6	コンカレントエンジニアリング体制		2.7
	2.7	デザインラシュナーレの実施と次期開発へのフィードバック		2.8
3. 開発パフォーマンス	3.1	新商品の質，ワクワク度		3.0
	3.2	開発リードタイムと納期		2.7
	3.3	開発効率（フロントローディングの活用度）		2.4
	3.4	原価企画の実施と質		3.2
	3.5	DFE（環境適合設計）の質		2.4
	3.6	初期流動管理の長さ		2.6
4. ツール/情報技術の活用の仕方	4.1	QFD（品質機能展開）の活用度		2.0
	4.2	DFM 情報，MP 情報活用度		2.8
	4.3	FMEA など信頼性手法の活用		2.9
	4.4	CAD（2次元，3次元），CAE の有効活用度		2.6
	4.5	技術データベースの整備と PDM		2.9
	4.6	技術データ交換のデジタル化の程度と標準化		2.8
		企業別の平均	2.1　2.8　3.5	2.8

図 2.2 新商品開発スコアカードの例

1. 己を知り，敵を知ろう

があるのは社内何人かの平均だからです」

純一郎は，そっと周囲の様子を見渡した．

「前に座っている方，人のことは気にしなくていいんですよ．自分の問題を認識すればよいのです．重要なことは，自社の強み・弱みに気づいて，より上位のレベルに到達するように仕組みづくりや学習を努力して進めることです．今日のセミナーはそのためですからね」

冷やかされた純一郎は赤面しながらも，自社では難しいところもあると内心思った．

*

講師は，受講生の低いスコアを中心に説明を始めた．番号は，新商品開発 SC の設問番号を示している．

[1.3] 技術と市場のマッチングとベンチマーキング

[1.4] 顧客・市場のニーズ把握とその関係

……新商品開発にあたって，自社のもつ技術シーズと市場ニーズとのマッチングやそのためのベンチマーキングの進め方について，中小企業は弱い．

[1.6] 人材育成と開発組織

……人材育成を含む経営資源の確保は，事業規模にかかわらず重要である．

[2.2] 生産技術力

……企画をモノにする生産技術力は，日頃から強化しておかなければならない．

[2.3] 設計開発のプロジェクトマネジメントと進捗管理

……新商品開発プロジェクトの納期目標や品質目標などを達成するための進捗管理の仕組みや情報の共有化が大事である．

(以下，省略)

純一郎のノートをとる手が鈍ってくる．こんな小難しいことを一度に言われても消化不良を起こすよ，と．受講生としては，診断だけでなく，手っ取り早く"How to"も教えてくれ，と思い始めた．

2. 新商品開発のプロセス

　純一郎が関心をもったのは，商品化から量産に至る新商品開発のプロセスごとに，この新商品開発SCの設問項目が構造化され，その設問項目のレベル説明に"How to"である手法や考え方などがコンパクトにうまくに折り込まれていることであった．

　講師は，「業種，事業規模，生産財か消費財かなど前提条件は多々ありますが」と前置きして，新商品開発のプロセスに沿って，受講生の低いスコアの質問項目とその手法について丁寧に話し始めた．

　「標準的な新商品開発のプロセスは次に示すものです（表2.2）．このプロセスをうまく進めるための"How to"をこれからいくつか説明していきます．表2.2のヨコ方向に業務プロセスを示し，タテ方向に新商品開発スコアカードの大項目があります．それぞれのプロセスで取り組む手法や技法が布置されていますね．皆さん，よくご存じのものも，聞き慣れないカタカナもありますよね．代表的な手法を解説します」

　これらの手法は，大企業だけでなく中小企業にとっても実行しなければならない教科書的なものですよ，と講師は涼しい顔で話した．純一郎は頭の整理をしつつ，やや細かくノートに記した．講師の話を引用しよう．

表 2.2 新商品開発スコアカードと業務プロセス

大項目＼業務プロセス	企画	開発設計	試作評価	生産準備	生産
1. 開発体制	[1.1] ビジョン・シナリオ				
	[1.2] ポートフォリオ	[1.2] 特許戦略			
	[1.3] ベンチマーキング				
	[1.4] 市場調査				
	[1.5] サプライヤーとのwin-win関係				
	[1.6] 人材育成と開発組織づくり				
2. 計画／実行力	[2.1] 企画の質				
				[2.2] 生産技術力	
	[2.3] プロジェクトマネジメントと進捗管理（PDPC）				
		[2.4] DR			
	[2.5] 品質保証の体系化				
	[2.6] コンカレントエンジニアリング				
		[2.7] デザインラショナーレ			
3. 開発パフォーマンス	[3.1] ワクワク感				
	[3.2] 開発リードタイムと納期				
	[3.3] フロントローディング				
	[3.4] 原価企画				
		[3.5] DFE			
				[3.6] 初期流動管理	
4. ツール／情報技術の活用の仕方		[4.1] QFD			
		[4.2] DFM・MP			
		[4.3] FMEA・FTA			
		[4.4] CAD/CAE			
		[4.5] PDM			
		[4.6] 技術データ交換			

3. 新商品開発のビジョンを作る

「まず最初は,企画段階からの話です.皆さんの会社では,いろいろな商品を生産したり,販売をしていますね.企業が存続と成長を続けるためには,既存商品の拡販とともに,新商品を常に開発し,市場に投入していく必要があります.

余談かもしれませんが,新商品や新事業のほとんどが失敗しているのが現実ですね.ある調査では,3 000件のアイデアがあっても,市場で成功するのは一つという報告もあるくらいです(☞コラム7 新商品開発の成功カーブ).成功率の高い新商品開発を進めるには,いくつかのポイントがあります.それを少し,話しておきましょう.

① コア技術を有する分野で考える

　電機メーカーがレストランチェーンを経営したり,自動車屋さんが携帯電話に進出していますが,なかなか大変なようですね.餅は餅屋といいますが,得意な技術基盤をもっている土俵で勝負したいものです.異業種の領域に進出するのは難しいことです.周辺分野という意味で,金型メーカーがプレス加工も手がけるようになって成功した例がありますよ.

② 事業化計画を慎重に立てる

　自社のもつ技術を活かした事業について,現在,将来の事業環境を認識し,そのうえで事業戦略のもとで事業化計画を策定することが重要です.その際,本セミナーは,新商品開発のプロセスの強化が主眼ですので詳しく説明はしませんが,SWOT(強みと弱み,機会と脅威)分析と呼ばれるものをやっておくことをお勧めします.SWOT分析は,社会動向や政治経済の変動といった外的な要因と,製品分析,市場分析を通した内的要因を考慮した分析で,強みを活かし機会を確実にビ

3. 新商品開発のビジョンを作る

ジネスチャンスとし,弱みを克服し脅威に備えた布石を,事前に立案しておくものです.(☞ コラム8 SWOT分析)

この分析によって,新技術の先行開発の必要性を発見したり,逆に事業自体のシュリンクが避け得ないような状況が確実に予見されれば,他の事業分野への進出への布石を打っておく必要性が見えてくる場合もあります.

また開発や生産準備にはお金がかかります.事業化計画を立てる際に,有限な資源や資金をどのように配分するかも重要で

コラム7 ▶ 新商品開発の成功カーブ

ある文献によると,一般的な製造業における新商品開発が市場で成功する確率は1/3 000といわれている.下図に,思いつきや初期段階のアイデアから七つの段階で絞り込まれていく過程を示す.

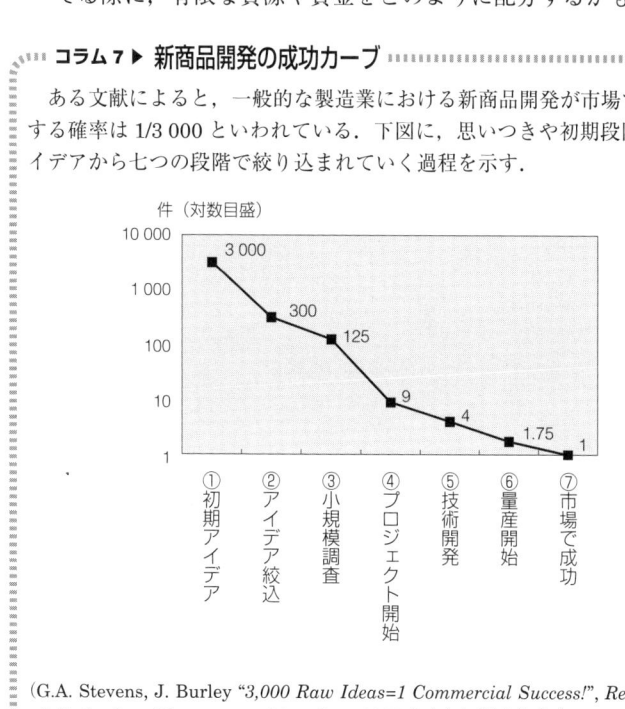

件(対数目盛)

- ① 初期アイデア: 3 000
- ② アイデア絞込: 300
- ③ 小規模調査: 125
- ④ プロジェクト開始: 9
- ⑤ 技術開発: 4
- ⑥ 量産開始: 1.75
- ⑦ 市場で成功: 1

(G.A. Stevens, J. Burley "*3,000 Raw Ideas=1 Commercial Success!*", *Research & Technology Management*, May-June 1997 をもとに著者作成.)

コラム 8 ▶ SWOT 分析

競合各社と優位性の比較に加えて，社会の動向や政治経済の変動が自社にどのような影響を及ぼすのかも明確にしておく必要がある．すなわち自社の強み（S: Strength）と弱み（W: Weakness），さらに自社事業にとってのビジネスチャンスの意味での機会（O: Opportunity）と逆に脅威（T: Threaten）を，間接的要因，直接的要因を挙げて分析する方法が，S-W 分析又は SWOT 分析と呼ばれるものである．"将来の環境変化を含めた敵を知り，己を知る"ことによって，戦略そのものの策定を補強するとともに，強みと弱み，機会と脅威を見越したうえでのそれを実現する方策である戦術への橋渡しとなる役割をもつ．

SWOT 分析では，下に示すような十字チャートと呼ばれるワークシートを用意し，自社の強みとなる機会要因と，弱みとなる脅威や不測事態となり得る要因に分類する．このような表を用意することによって，戦略立案に際してともすれば強みや利点ばかりが強調されるのに対して，弱点や脅威も抽出し，それに対する対応もあらかじめ手の内に用意しておくことができる．

		間接的要因
機 会 (強み)	脅 威 (弱み)	直接的要因

機会に対する適応計画	脅威に対する対応計画	
		短期
		中長期

す．多くの事業をもつ場合には，PPM（Product Portfolio Management：プロダクトポートフォリオマネジメント）（☞コラム9　プロダクトポートフォリオマネジメント）を通して現在及び将来を見据えた事業ミックスを考慮して，いわゆるヒト，モノ，カネの経営資源をうまく回転させるよう立案します．

　勢いだけでは絶対ダメ．資金繰りには，公的機関からの融資も良策ですね．ここではこの話はこれくらいにしておきましょう．

③　開発したコア技術を守る

　他社も鵜の目鷹の目で業界動向をウォッチングしています．家電業界が典型的ですが，一社が新商品を出すと，アッと言う間もなく他社が類似製品で追従してきますね．難しいことですが，新技術を特許や実用新案で他社のマネを防止することも大事です．後ほど，特許のお話もしましょう．

④　品質は絶対条件と思うこと

　高額の新商品を買うのはチョット待ってから，というお客さんも多いですね．実は私もそうです．どちらかというと，ロングセラーの定評あるものを大事に使うほうが好きですね．ある有名な食料品の老舗が，ベストセラーよりロングセラーを，というCMを流していましたね．長くお客様に愛されるために，確かな品質をお届けします，という意味でした．このことは食料品だけでなく，すべての商品に当てはまります．買い求めた商品が不良品であったり，すぐに壊れたりしては台なしです．最近，F社やS社のパソコンがすぐに壊れてしまいユーザーからの苦情で，リコールに至ったことは記憶に新しいですね．品質問題を起こしますと，社会的なニュースとなって，潜在的なお客様も失い，経営基盤が揺るぎます．

コラム9 ▶ プロダクトポートフォリオマネジメント

　プロダクトポートフォリオマネジメント（PPM: Product Portfolio Management）は，現有の事業を対象市場の成長率（事業の魅力度）とその事業におけるトップ企業に対する相対市場シェア（自社の市場地位）の二つの次元で位置づけ分類し，事業の組合せの適否と，事業の優先順位や資源配分の決定に結びつける方法である．PPM の原型は，ボストン・コンサルティング・グループ（BCG）によって作られたものが有名であるが，その後，軸の取り方を変えたものや，時間軸を導入したもの等多くのバリエーションが生まれている．

　各事業の円は，その半径を売上高の平方根に比例させた売上高の大きさを示す．製品（事業）の多くは，問題児で出発し，成功すればスターとなり，市場成長率が鈍化するに従って金のなる木となるのが理想的である．中には適切な資源の配分等の戦略がうまくできず，問題児から負け犬になる可能性もある．したがって，金のなる木を資金源とし，スターや問題児に資金を投入し，負け犬や有望でない問題児を撤退させることが，戦略策定の鍵となる．

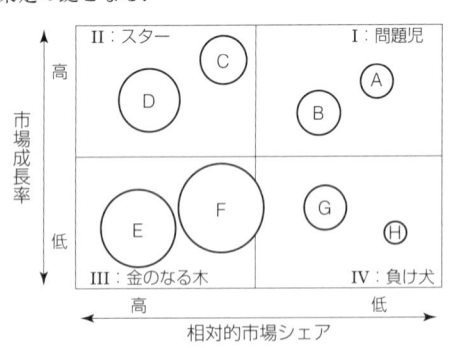

```
         Ⅱ:スター              Ⅰ:問題児
              C                      A
   高    D                       B
市
場
成
長
率
   低    E    F              G
                                   H
         Ⅲ:金のなる木          Ⅳ:負け犬
         高                    低
              相対的市場シェア
```

製品分析（競合分析）

　製品分析では，まずライバルがどのような企業でどのような製品，商品かを知る必要がある．一般に競合分析と呼ばれるものである．競合各社の製品そのもの，価格，カタログ，販売・サービス等に関する情報を収集し，客観的な比較評価の対象品となるものを取り出し，なるべく定

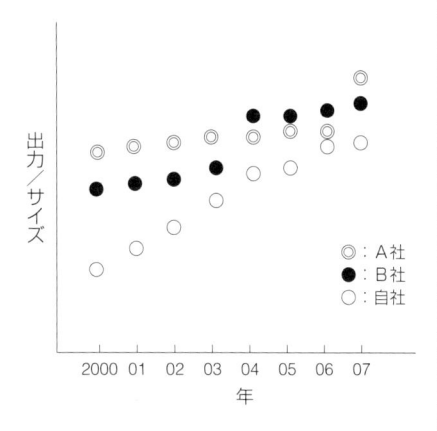

量的な比較の方法を決め表形式で整理する．重要な要因が明確な場合には，それを取り出し，それに自社を含めて各社の位置をマッピングすることによって，ポジショニングを視覚的に比較する分析がよく用いられる．右に示す例は，出力／サイズという重要特性に着眼し，時系列の変化を含めてプロットすることによって，将来ねらうべき方向も見定めようとするものである．

市場分析

市場分析とは，顧客のニーズと購買決定要因を把握し，市場をセグメント化（細分化）したうえで自社の優位性とポジションを見出す分析である。下に購買決定要因の分析結果のサマリー表の例を示す。顧客の要求及び購買決定要因が分かれば，製品分析との対応から，その市場セグメントをねらい，どのような差別性を出していけばよいかが分かる。

購買決定要因	セグメント				
	I	II	III	IV	V
基本性能	△	△	○	○	
信頼性	△	◎	○	△	○
メンテナンス体制		○	△		○
付加サービス			△		◎
価格	◎			△	△
納期	○	○		◎	
納入実績			○		△
推定市場規模	×××	××××	×××	××××	××

◎：最も重要　○：重要　△：やや重要

少し暗い話になってしまいました．本題の"新商品開発のビジョン作り"，お客様に喜んでもらえる新商品作りに移りましょう」

純一郎は講師の話を聞きながら，分かっているんだけどなぁ，と何かモヤモヤした気分になっていた．講師の話が続いている．

「新商品開発スコアカードの設問番号【1.1 開発戦略の明確さと資源の確保】のベストプラクティス（レベル5）では《自社技術の強み・弱みと市場動向の分析が行われ，先行技術開発と個別の新商品開発がリンクされている》と記されていますね．このベストプラクティスのレベルに達するために，次の五つの視点から，ビジョン作りを考えていきましょう．

① 自社のコア技術を認識する

　自社技術に強み・弱みがあります．先述のように，コア技術をもっていない分野に進出する場合には慎重に．他社から技術導入することも一方法ですが，受け入れ側に相応の技術が必要なことはいうまでもありません．

② 10年後の事業環境を仮定する

　未来予測とまではいきませんが，戦略作りのための仮定，前提を設けます．

③ 既存商品のライフサイクルを予測する

④ 新商品の投入時期を仮定する

　前項とあわせて，市場における既存商品の流れや新商品との領域分担などを中長期計画として想定します．

⑤ 目標を設定する

　分かりやすい数値目標を示します．"売上げ2倍！"，"シェア○○％"などですね．もちろん，達成時期や許容投資額などの制約条件も明示します．目標に至る道筋を"絵"にしておくと分かりやすいですね」（☞ コラム10　ロードマップ）

3. 新商品開発のビジョンを作る 103

コラム 10 ▶ ロードマップ

ロードマップ（road map）の語源は道路地図だが，転じて目標に至る道筋を意味するようになった．先頃，新聞紙上において，イスラエルとパレスチナの中東和平について，ロードマップという表現が使われ世間的にも広く使われ始めている．

ここでのロードマップとは新商品をいつ頃，どんな形で具体化しようかという観点で図示したものである．

ディーゼル車の排ガス規制対応の例

欧州では地球環境の意識が高く，早くからディーゼル車特有のPM（排ガスに含まれる粒子状物質）やNOx（窒素酸化物）軽減のためにいろいろなシステムが開発されている．

図は開発年代をヨコ軸に，欧州の排ガス規制の厳しさのレベルをタテ軸にとって，噴射装置，後処理装置，吸排気部品の三つの流れについて示したものである．超高圧で完全燃焼を目指すコモンレールシステムと呼ばれる噴射系装置や，東京都の規制で有名になった後処理装置が記されている．

ディーゼル車の排ガス規制対応のロードマップ

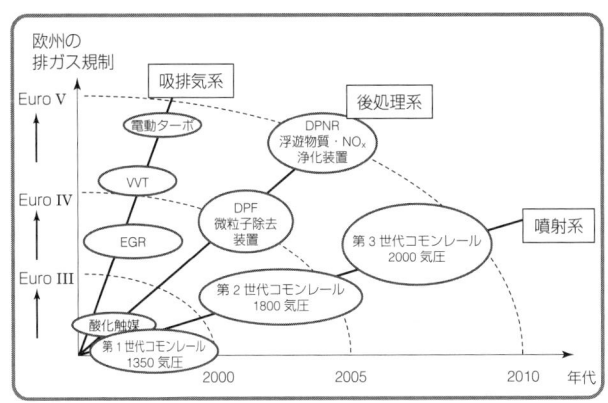

EGR：排ガス再循環装置，VVT：バルブ作動角連続可変タイミング，DPF：微粒子除去装置，DPNR：浮遊物質・NOx 浄化システム，コモンレール：電子制御による高圧燃料噴射

4. お客様の要望を商品仕様として具体化する

「新商品開発はお客様の要望から始まります．お客様の要望とは，納入先からの依頼，お客様相談室に寄せられた期待や苦情，またアンケート調査で判明したものなど多々ありますが，いずれも商品として完成させるには具体的な仕様に落とし込まなければなりません．お客様の要望を商品仕様として具体化するために，"QFD（Quality Function Deployment：品質機能展開）"と呼ばれる有力な手法があります．新商品開発スコアカードの【4.1 QFD の活用度】がそれです．"お客様の世界を技術の世界に変換する"といわれている QFD の活用のやり方について，少し解説しましょう」（☞ コラム 11　品質機能展開，☞ コラム 12　品質表の作成手順）

QFD という単語を耳にして，純一郎はこれは聞いたことがあるぞと記憶をたどった．親会社の若いエンジニアが悪戦苦闘していたことを思い出した．

「唐突ですが，ゲーム機を例にとって話しましょう．ゲーム機を使いたくなる，使いやすいといったお客様の要望，期待を"要求品質"といいます．一方，機器＝ハードとしてのゲーム機として，体格といった形状寸法，重さやメモリー，CPU 速度も決めなければなりません．これらを"品質特性"といいます．この要求品質と品質特性についてそれぞれ細目に展開します．"要求品質展開表"，"品質特性展開表"がそれです．その二つを組み合わせて，具体化のために互いの関連，対応づけを見る二元表を作るのです．この二元表のことを"品質表"と呼びます（表 2.3）．

この品質表をベースにいろいろな目的に展開，工夫することができます．例えば，具体的な設計品質すなわち特性値の設定まで展開することもできます．新商品を開発するうえで，既存技術で対応で

4. お客様の要望を商品仕様として具体化する

表 2.3 品質表

	品質特性展開表
要求品質展開表	品質表

きそうなのか，新技術・新工法が必要なのか，技術面の検討のための展開された二元表もあります．また，コストについても，コストダウンの展開や課題抽出のための二元表もあります．このように多岐にわたって活用できるものですが，作業に多大な工数がかかりますので，企業トップや管理者の理解と部門横断チーム活動が必要です．

この品質表を確実な品質保証を目的に活用する場合には，設計品質を確保できるかについて詳細に検討することが必要です．そのために膨大な時間がかかるといわれていますが，商品企画に用いる場合には"1時間で書ける品質表"という考え方が提案され，ソフトウェアが充実したこともあって容易に使えるようになりました．

商品企画に QFD を活用する考え方は，新商品開発スコアカードの【1.3 技術と市場のマッチングとベンチマーキング】とも深く関連していますが，要求品質や品質特性に対してベンチマーキングするのです．このためには品質表の右横に企画品質設定表と呼ばれる表を作成し，品質表の下に設計品質設定表を作成します．そして，要求品質や品質特性も展開表という形ではなく，一覧表として，他社との差別化が可能な項目に重点を絞って作成します．このことによって余計な工数を削減して品質表を作成するのです．

コラム 11 ▶ 品質機能展開

品質機能展開（QFD: Quality Function Deployment）とは，JIS Q 9025 では，"製品に対する品質目標を実現するために，様々な変換及び展開を用いる方法論"と定義されている．

QFDの目的
・顧客ニーズの重視
・技術課題の早期抽出
・確実な品質保証
・多面からの評価……品質確保を基盤として，技術，コスト，信頼性の側面から製品開発プロセスを検討，評価可能

品質表
品質表は"要求品質展開表"と"品質特性展開表"をタテ，ヨコに用いて二元表として作成する．

ゲーム機の要求品質展開表の例

要求品質展開表	
1次	2次
使いたくなる	おもしろい 会話できる 体感できる デザインがよい
ソフトがよい	どのソフトも使える ソフトが多く入る ソフトが作れる
長く楽しめる	多人数で楽しめる 若者が好む 長く使える
頑丈である	水に強い ほこりに強い 熱に強い
使いやすい	接続しやすい コードがない 持ち運べる
高性能である	音質がよい ロードが速い 画像がきれい
操作しやすい	簡単にセーブできる ボタンが押しやすい 片手で操作できる

ゲーム機の品質特性展開表の例

		操作性	ソフト充実度	形状寸法	質量	話題性
品質特性展開表	2次	接続時間　メモリ容量　CPU速度　携帯性	ソフト互換性　ソフト拡張性　キャラクタ充実度　ソフト多様性	本体厚さ　外形寸法　操作部寸法　開口部寸法	本体質量　操作部質量　付属品質量	意匠性　安全性　注目度　リアル度

ゲーム機の品質表の例

品質特性展開表		操作性				ソフト充実度				形状寸法				質量			話題性			
	1次																			
	2次	接続時間	メモリ容量	CPU速度	携帯性	ソフト互換性	ソフト拡張性	キャラクタ充実度	ソフト多様性	本体厚さ	外形寸法	操作部寸法	開口部寸法	本体質量	操作部質量	付属品質量	意匠性	安全性	注目度	リアル度
要求品質展開表 1次	2次																			
使いたくなる	おもしろい						○	◎									○		○	○
	会話できる							○												
	体感できる								○			○			○					◎
	デザインがよい										◎						◎		○	
ソフトがよい	どのソフトも使える				◎	◎				○										
	ソフトが多く入る		○				○													
	ソフトが作れる						◎													
長く楽しめる	多人数で楽しめる							○											○	
	若者が好む				○												◎		○	
	長く使える			○						◎										
頑丈である	水に強い												○					○		
	ほこりに強い												◎							
	熱に強い									◎								◎		
使いやすい	接続しやすい	◎			○								○							
	コードがない	○			○															
	持ち運べる				◎					○	○			◎	◎					
高性能である	音質がよい																			◎
	ロードが速い			◎					○											
	画像がきれい			○					○											○
操作しやすい	簡単にセーブできる	○	○				○													
	ボタンが押しやすい												◎		○					
	片手で操作できる												◎		○					

◎:強い対応　　○:対応あり

[JIS Q 9025(マネジメントシステムのパフォーマンス改善—品質機能展開の指針)をもとに著者作成.]

> **コラム 12 ▶ 品質表の作成手順**
>
> - "顧客の声"の収集 … お客様の要望を収集する
> - 要求品質への変換 … "顧客の声"を簡潔な表現に改める
> - 要求品質展開表の作成 … 要求品質を 2～3 段階の階層構造に表す
> - 品質特性の抽出 … 具体的な設計仕様である品質特性を抽出する
> - 品質特性展開表の作成 … 品質特性を 2～3 段階の階層構造に表す
> - 要求品質展開表と品質特性展開表との二元表の作成 … 要求品質展開表と品質特性展開表との対応を見るために二元表を作成する
> - 対応関係の記入 … ◎（強い対応），○（対応あり），△（弱い対応）の記号で対応関係を記入する
>
> ［JIS Q 9025（マネジメントシステムのパフォーマンス改善―品質機能展開の指針）をもとに著者作成．］

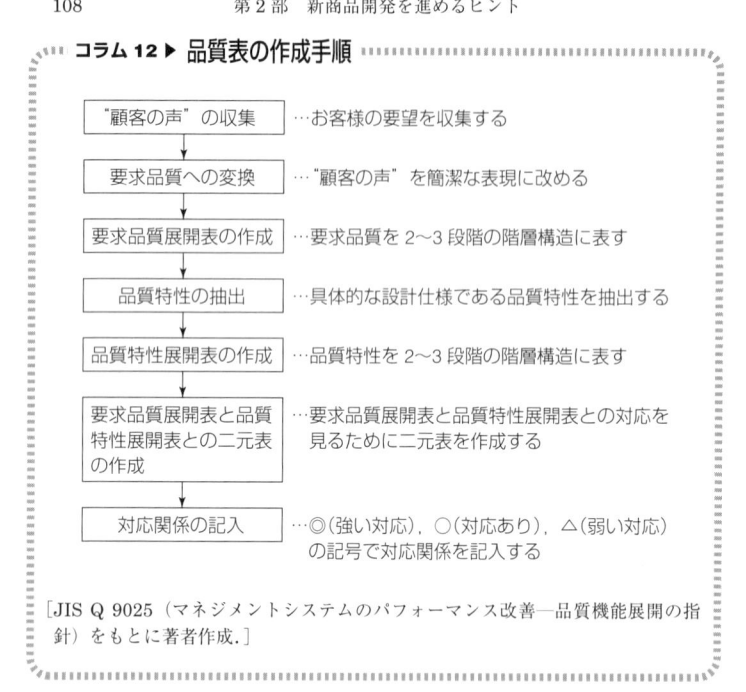

　企画品質設定表には，重点が絞られた要求品質に対する重要度や現状製品の充足度についての調査結果がまとめられます．現状製品の充足度とは自社製品や他社同等製品が要求品質をどの程度充足しているのかを示すもので，5 段階評価などで記述します．そして設計品質設定表には，重要な品質特性に対する現状の仕様などをカタログで調べたり，実際に購入し分解して調べたりして，実測値を記入します．ゲーム機を例にして要求品質の一次項目で調査した結果を表 2.4 に示します．

　企画品質設定表に蓄積されたデータから様々な分析をすることも可能です．要求品質に対する各社の具体的な商品の情報が得られて

4. お客様の要望を商品仕様として具体化する

表 2.4　品質表の例（ゲーム機）

品質特性 / 要求項目	本体厚さ	ソフト充実度	本体重量	CPU速度	メモリ容量	注目度	携帯性	接続時間	意匠性	安全性	リアル度	市場重要度	自社充足度	競合N社充足度	競合S社充足度	競合M社充足度	セールスポイント	企画品質	重要要求項目
操作しやすい				◯	◎		◯					5	4	3	4	4	◯	5	◯
頑丈である	◎		◎						△			5	3	4	3	4	◯	5	◯
使いやすい				◎				◎				1	4	2	2	4		4	
実体感できる		◯				◯				◯	◎	3	3	3	4	3		3	
目が疲れない				◯						◎		5	3	3	4	4		5	◯
高性能である				◎	◎						◯	4	5	5	3	4		5	
通信できる							◯	◎				2	1	2	1	1		2	
使いたくなる			△			◎			◯		◯	4	2	3	2	4		3	
長く楽しめる	◯	◯						◎		◯		5	3	4	5	4		5	◯
ソフトがよい		◎										3	3	3	3	5		4	
設計品質設定表　N社	6.1	3			88			19											
設計品質設定表　S社	5.0	3			92			19											
設計品質設定表　M社	7.6	3			98			22											
設計品質設定表　自社	5.5	5			90			25											
設計品質																			

いる場合には，多変量解析の中の因子分析や主成分分析を実施することによって要求品質に関連するポジショニング分析が行えます．同様に設計品質設定表に関しても同様の分析が可能で，品質特性と商品との関係からのポジショニングが分析できます．品質表から直積データを入力してポジショニング分析するソフトウェアも市販されています．

　要は，QFDでは品質表を作ることが目的ではなく，どう使うか，頭の整理をして抜けや漏れのないよう効率よく開発を進めるための

ツールということです」

　講師のよどみない解説が続く中，純一郎は，QFD が新商品開発 SC のベストプラクティス（レベル 4, 5）として "……部門間の情報共有や問題点の前出しが進化して，自社独自の工夫を盛り込んだ使い方やシステム化がなされている" のを知り，武器となる手法であると確信した．

5. 新商品の完成度を高める

　「次は，新商品の完成度を高める話です．商品の信頼性を高めると言い換えてもよいでしょう．先ほどは，開発段階で QFD が有効な手法であることを紹介しました．QFD で，設計品質まで展開した後に，具体的な設計や生産準備段階で，品質のポカをなくすために広く使われている手法を簡単に説明しましょう．新商品開発スコアカードでは，【4.3 FMEA など信頼性手法の活用】として，取り上げられている手法です．

　ボトムアップ式で信頼性を高める FMEA と呼ばれる手法と，その逆のトップダウン式の FTA と呼ばれる手法を対にして説明します．

　FMEA とは，JIS Z 8115 ［ディペンダビリティ（信頼性）用語］で "あるアイテムにおいて，各下位アイテムに存在し得るフォールトモードの調査，並びにその他の下位アイテム及び元のアイテム，さらに，上位のアイテムの要求機能に対するフォールトモードの影響の決定を含む定性的な信頼性解析手法" と定義されています．無味乾燥の JIS の定義では分かりにくいので，平易に申しますと，商品の最下位（末端）の構成部品が壊れたとき，商品全体がどんな影響を受けるのかをボトムアップ式に一覧表（ワークシート）にま

5. 新商品の完成度を高める

表 2.5 FMEA ワークシートの例(エアコン)

自動車用エアコンの故障モードについて FMEA を実施したワークシートの一部

品名	エアコンディショナー		品番	○○○○	車種	○○	検討者	○○○

部品名	機能	故障モード	故障の影響	故障原因	重要度評価				対策	確認方法
					発生頻度	影響度	検出難度	重要度		
ファン用モーター	冷却	焼損	火災・稼働不能	コイルの加熱	1	5	4	20	耐熱電線に変更	加速強制劣化試験
熱交換器	冷却	腐食	性能低下	水質	1	4	3	12	表面処理変更	塩水噴霧試験
⋮										

とめあげることです(表2.5).

例えば,エアコンの冷却ファン用モーターが焼損してしまったとしますね.表2.5のエアコンの FMEA ワークシートの例を見てください.その原因は何でしょうか.過去の経験から,コイルの過熱も原因だったとします.エアコン全体への影響は火災であったり,稼働不能に至ることになります.その際,対策案を考えるのに,重要度の計数化をします.スコアの大きい部品から対策をしっかりすることになります.重要度は"発生頻度×商品全体への影響度×検出頻度"の積とします.3項目の5段階スコア各々の掛け算です.重要なことは最右欄にある確認方法まで押さえておくことです.このような一覧表(ワークシート)にまとめることで,問題の系統的展開が一目瞭然となりますね.一種の可視化です.(☞ コラム13 FMEA の解析手順)

使われる用途としては,設計が主体でしたが,近年,生産準備段階の工程設計の分野にも,その完成度を高める意味で活用されてい

コラム 13 ▶ FMEA の解析手順

FMEA（Failure Mode Effects Analysis）は，コラム 13 に示す FTA とともに多くの企業で信頼性向上活動の有力なツールとして普及している．その使われ方も，開発設計段階，工業設計段階，また建設工事段階など業務プロセスの随所で作表され，商品の完成度，信頼性や工事の安全性を高めることに役立っている．FMEA による解析を効率よく漏れなく進めるために，専用の帳票（ワークシート）に沿って作業を進めることをお勧めする．

FMEA は，FTA とともにデザインレビュー（DR: Design Review）での議論に活用できる代表的な手法である．

FMEA の目的
・商品の故障，不良の未然防止
・DR の効率化

FMEA の解析手順

```
解析チームの編成
    ↓
該当する商品，システム    …FMEA を進める事前準備として，商品やシ
の理解                    ステムの全容を知る
    ↓
信頼性ブロック図の作成    …信頼性ブロック図は，システムの構成要素
                         を図示したもので，部品名のリストマップ
                         に役立つ
    ↓
故障モードの抽出
    ↓
重要度評価の算出          …発生頻度，影響度，検出頻度の各スコアを
                         想定し，その積として重要度を計算する
    ↓
対策，確認方法の検討      …重要度に応じて未然防止対策を図る
```

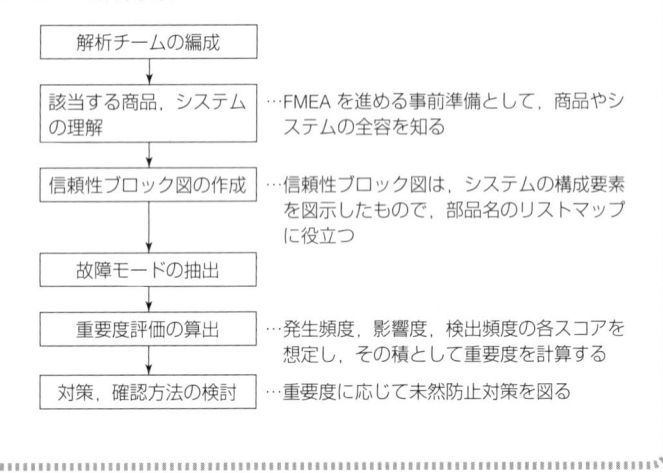

ます．設計のFMEAに連動して，工程のFMEAまで一貫して検討することがベストプラクティスです．新商品開発スコアカードのレベル5です．

実際，FMEAの作業を進めるには，まず，固有技術に明るい一人がたたき台（試案）を作り，経験豊富な有識者によるチームで検討，充実化を図ることです．FMEAの完成度は，固有技術の高さを反映するものです．失敗に正比例しますよ」

講師のあからさまな話に，教室からは思わず苦笑が流れた．純一郎は，父の口癖「不良とケガは忘れた頃にやってくる」を思い出した．

「一方，FMEAとあわせて利用される手法に，FTAと呼ばれるものがあります．"下位アイテム又は外部事象，若しくはこれらの組合せのフォールトモードのいずれが，定められたフォールトモードを発生させ得るかを決めるための，フォールトの木形式で表された解析"と同じくJIS Z 8115で定義されています．かえって，頭が混乱するような定義ですよね．簡単に言えば，問題をなぜか，なぜかと掘り下げていくわけです．トップダウン的な問題探求です．

厳密には，発生事象の確率を想定しますが，当面はトップから末端までの事象を漏れなく網羅することで十分です．コラムに簡単な事例を掲載してありますので，参考にしてください」（☞コラム14 FTAの解析手順）．

6. 品質を確実に作り込む

「品質の不祥事が経営の命取りになることは自明の理ですね．おそろしいことです．ところが，ここ数年，次から次へと品質の根幹を損う初歩的な事件や不祥事が発生するのはなぜでしょうか？」

コラム 14 ▶ FTA の解析手順

FTA（Fault Tree Analysis）は，FMEA と同様に，信頼性向上に役立つ手法である．1960 年代ベル電話研究所で開発され，航空機，宇宙開発，原子力プラントで利用が始まった．その後，電話，自動車，鉄道業界など広く活用されている．FMEA は，構成部品の故障が商品やシステム全体への影響，重要性を検討する，いわばボトムアップ方式なのに対して，FTA はトップダウン方式で，絶対に発生してはいけない故障や不良をトップ事象とし，これに影響ある構成部品やその原因を探索していく手法である．

FTA の目的
・故障，不良の階層的構造の発見
・DR の効率化

FTA の解析手順

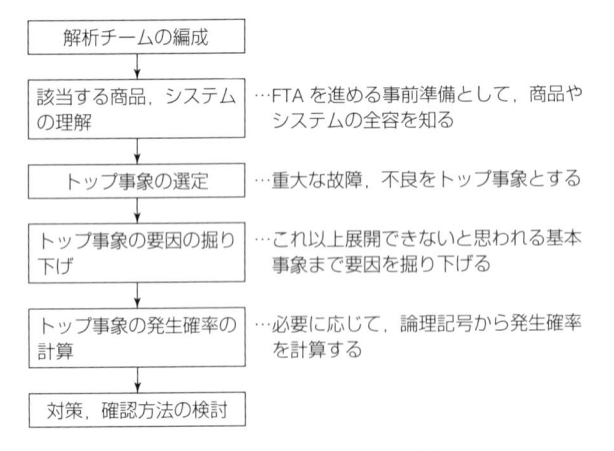

```
解析チームの編成
    ↓
該当する商品，システム    …FTA を進める事前準備として，商品や
の理解                     システムの全容を知る
    ↓
トップ事象の選定          …重大な故障，不良をトップ事象とする
    ↓
トップ事象の要因の掘り    …これ以上展開できないと思われる基本
下げ                       事象まで要因を掘り下げる
    ↓
トップ事象の発生確率の    …必要に応じて，論理記号から発生確率
計算                       を計算する
    ↓
対策，確認方法の検討
```

次ページの下図に，モーターの取付不良から脱落するという問題に対する FTA 例を紹介する（ここではトップ事象の要因の掘り下げまでを示している．）．

FTA に用いる記号

種類	記号	名称	説明
事象記号	▭	展開事象	さらに展開されていく事象
	○	基本事象	これ以上，展開することができない基本的な事象
	◇	非展開事象	これ以上展開は不要な事象，現技術力では展開が不可能な事象
論理記号	∩	AND ゲート	すべての下位事象が共存するときだけ上位事象が発生する
	∩	OR ゲート	下位事象のうちいずれかが存在すれば上位事象が発生する
	⊸∩⊸	制約ゲート	このゲートで示される条件が満足する場合だけ出力事象が発生する

モーター脱落の FTA の例

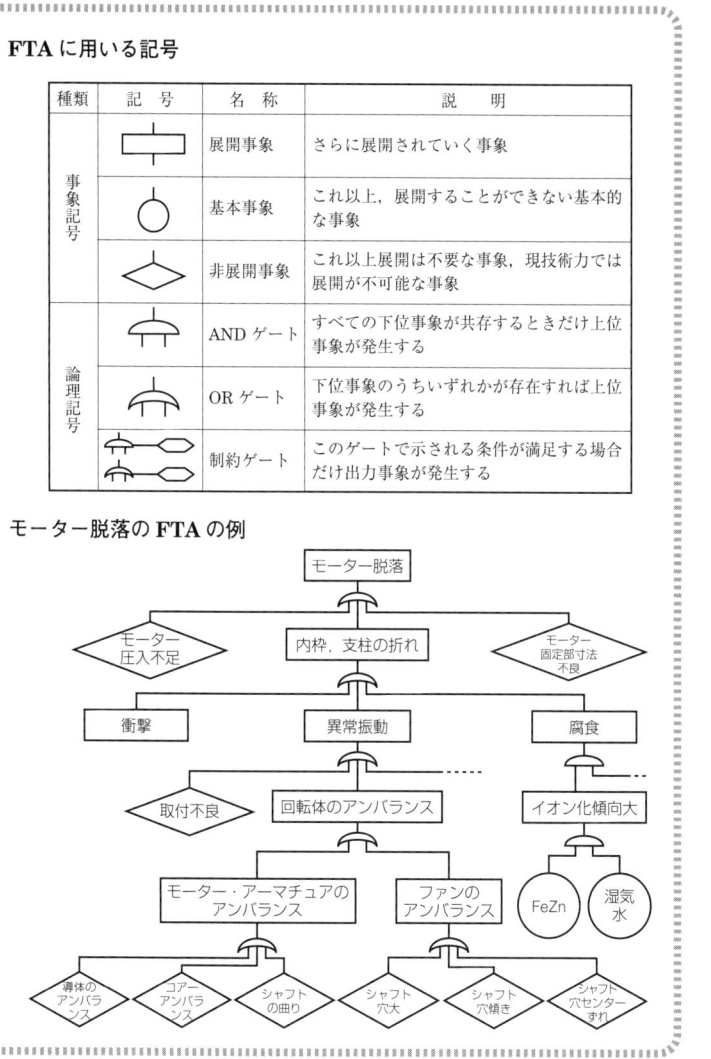

```
                    モーター脱落
                         │
      ┌──────────────────┼──────────────────┐
  モーター          内枠，支柱の折れ       モーター
  圧入不足                │                固定部寸法
                          │                  不良
      ┌──────────────────┼──────────────────┐
    衝撃              異常振動              腐食
                         │                   │
                  ┌──────┴──────┐      ┌─────┴─────┐
              取付不良    回転体のアンバランス   イオン化傾向大
                              │                    │
                    ┌─────────┴─────────┐    ┌─────┴─────┐
            モーター・アーマチュアの  ファンの      FeZn    湿気
                 アンバランス        アンバランス              水
                     │                   │
          ┌──────┬───┴──┐         ┌──────┼──────┐
       導体の   コアー   シャフト  シャフト シャフト シャフト
      アンバラ  アンバラ  の曲り   穴大    穴傾き   穴センター
       ンス     ンス                               ずれ
```

こう言って講師は改めて，S社，F社のパソコンの連続不良発生の例，M社のトラックのリコール例などを引用した．

「あなたはどう思いますか？」

突然質問された純一郎は驚きながら，一般論ですが，と前置きして慎重に答えた．

「トップから第一線の人々がそれぞれの立場で，各々の役割と責任を明確に認識せずに，あいまいというか，慣習で仕事を進めていたのではないでしょうか」

「一理ありますね．お隣のあなたは？」

「えっ．私は……私が思うに，社長がコストダウンばかりに関心が移って，品質が二の次になってしまったのです．コストダウンのために，工程を省いたり，結果的に耐久性のない材料を使ってしまったり，しまりがなくなっています」

「はっきり，おっしゃいますね」

「いやぁ，これは雑誌の受け売りです」

教室にドッと笑いが起こった．引き続き，講師はシリアスな話を続けた．

「経営者は品質に関心をもたなければなりません．経営者が品質に関する投資，品質スタッフの充実に積極的に関与しなければお寒い限りです．そして，経営者自身が，品質保証のトリデでGO/STOPの判断をしなければなりません．部下に『品質第一』と言っているだけではダメです．日本のものづくりの危機はここまできています．

今からは，その品質危機に歯止めをかけ，設計，製造分野で品質を確実に作り込む仕組みを紹介します．従来から，図面審査といって，関係者が集まり図面の是非を検討する場がありました．これから紹介するDR（Design Review：デザインレビュー）とは，まさ

にこのことです．DRの基本的な考え方は，"後工程に不良を流さない"という単純明快なものです．企画の不完全さは開発，設計に悪影響を及ぼしますし，設計ミスやチョンボで製造は混乱します．特に，3H（変化，初めて，久しぶり）と呼ばれる状況では，潜在的な不具合を起こしやすいので，DRをしっかり実施するともに，前に述べたFMEAを実施しておくことも求められます．

まさにDRは，企画から開発設計，設計から生産準備といった節目節目で品質に関する仕事のできばえを審査するものです．DRは，ISO 9001で義務づけられていますので，ご存じの方も多いでしょう．もちろん，ISOのためのDRになってはいけませんね．DRの開催時期や注意事項は，コラムにまとめておきました．新商品開発スコアカードでは，【2.4 DRの実施とその質】として，DRが形骸化しないように新商品開発ごとに参加メンバーや実施時期，回数を見直したり，DR結果などがデータベース化されるよう期待されています」（☞ コラム15　デザインレビュー）

7. スピードある開発を進める

「今や，ビジネスにスピードが必要なことはいうまでもないですね．このセミナーの案内もホームページに掲載したところ，即時に問合せや申込みをいただきました．昔ですと，DM郵送をして，数日，数週間経ってからFAXや電話で申込みをいただいていました．今の速さに驚くばかりです．それに，電子メールと携帯電話ですね．まさに，時間と空間を超越した世界が驀進しているわけです．

"光のスピードでのビジネス（新製品開発）"といって，10年ほど前に米国からCALSという概念が伝わってきました．もともとは，米軍のリストラ，コスト削減の取組みだったそうですが，技術

コラム 15 ▶ デザインレビュー

デザインレビュー（DR: Design Review）は，"信頼性性能，保全性性能，保全支援能力要求，合目的性，可能な改良点の識別などの諸事項に影響する可能性がある要求事項及び設計中の不具合を検出・修正する目的で行われる，現存又は提案された設計に対する公式，かつ，独立の審査" と JIS Z 8115 で定義されている．この DR は，ISO 9001 の 7.3.4（設計・開発のレビュー）で義務づけられており，記録として残すことが必要である．お気づきのように，別掲の FMEA や FTA は手法だが，DR は作業の仕組みないし会議体の一種である．

DR の目的

- 品質の確保と品質向上
  過去のノウハウ，失敗を設計や生産準備に活かし，品質に万全を期す．
- 納期の遵守と短縮
  開発から販売に至る各業務プロセスの遅れ防止と納期短縮を図る．

DR の実施時期

- 出図前……設計品質の確保のために設計，製造，品質の関係者が集まり，図面や試作品の問題点の抽出と対策を協議する．
- 量産移行前……製造品質の確保のために上記の関係者で，量産試作品の品質レベルを審議し，問題点の抽出と対策を協議する．

DR べからず

DR が形式化しないための注意事項を次に示す．

- DR は説明会ではない
  部門長，分かっていない上司への説明会になりがちである．これは絶対避けなければならない．職位に関係なく有識者による白熱した議論が求められる．
- 何回も実施しない
  数多く実施すれば成果があがるというものではない．実施時期を的確に見極めることが大事である．
- 資料の山にしない
  たくさんの資料準備では担当者が疲れるだけである．

7. スピードある開発を進める

文書，仕入先との契約書，承認図などをデジタル化して，情報交換を一元化，スピードアップを図ろうという動きが続いています．まさにIT，すなわち情報技術を駆使したもので，最近ではコンピュータメーカーがPLM（プロダクトライフサイクルマネジメント）と喧騒されているものですが，ITはあくまで手段にすぎないことを忘れてはなりません．

今から，スピードある開発を進める話をしますが，最初に，ある自動車部品の開発事例を紹介しましょう．時は30年前です．

1973年の第1次石油ショックをきっかけに，世界的な省エネルギー・省資源ニーズの高まりの中で，自動車の小型・軽量化が大きなテーマとなり始めた．そうした中で1979年にT自動車工業の新たなプロジェクトテーマとして，1983年までに35%燃費向上という目標値が設定された．その達成のために，ある自動車用充電部品，これはバッテリーに電気を供給する部品であるが，既存製品比20%の軽量化が要請されたわけである．掲げられた目標値は，ほかに出力30%アップ，回転数1.5倍と，既存技術のトレンドをはるかに越えるものであった．このプロジェクトは"次期型研究会"と呼ばれ，いくつかのテーマごとにチームが発足し，同時並行で開発が進んだ．ベアリングメーカーも参加したという．まさに社内外の総知を集めた特別プロジェクトであった．これは，リーダーの"できるだけ短期間で開発を成し遂げよう"という強い意志の表れであった……」

いつのまにか，講師の口調がNHKプロジェクトXのナレーション，田口トモロヲ調になっており，純一郎は思わず下を向いて苦笑してしまった．

「……劇的に性能を向上させた開発には，それを進めた数多くの設計，生産技術，工機の技術者，技能者のひたむきな挑戦……多く

の技術課題を乗り越え,誕生した新製品はシェア拡大の起爆剤となり,今日に至るまで継続して改良を加え,世界シェアトップの26％を獲得し,不動の製品になっている……」

純一郎は,プロジェクトXの番組なら,ここで,苦労したプロジェクトの中心人物が登場するけれども,と思いながら聞きほれていた.講師も意識していたのか,次のように続けた.

「ここまでですと,プロジェクトXなのですが,私が強調したいのは,この開発過程を通じて,当社特有のコンカレントエンジニアリングが展開されたことです.もちろん,その頃にはコンカレントエンジニアリングという言葉はありませんでしたが,つまり,開発のスタート時点から,社内の関連部門が一つの開発目標のもとで絶えず連携プレーを展開したのです.企画,開発,設計,生産技術,工場,工機,調達,あらゆる関係者が情報を同時に共有して作業を進める,という"スピードある開発を進める仕組み"が大事なことです.

新商品開発スコアカードには,【2.6 コンカレントエンジニアリング体制】の項目があります.このベストプラクティスは,社内外,お客様を含む情報共有の仕組みがあることと,お客様のニーズや環境負荷も考慮に入れていることです.コラムに,コンカレントエンジニアリングの概念を図示しておきました」(☞コラム16 コンカレントエンジニアリング)

8. 源流管理——究極の効率化概念

高橋はホワイトボードに"源流管理"という言葉を大きく書き,しばらく間をおいて,受講生を見回してから言った.

「皆さん,この源流管理という言葉を頭の中に叩き込んでくださ

コラム 16 ▶ コンカレントエンジニアリング

　コンカレントエンジニアリング（CE: Concurrent Engineering）とは，開発期間を短縮するために関係部門が同時並列的に作業を進めることである．CE は 1980 年代から，米国において大規模プロジェクトの推進の迅速化にあたって開発された考え方で，特に，納期遅延の原因となる設計変更の減少に役立つ．開発の初期段階から，企画，開発，設計，生産技術，工場，工機，品質保証，調達，仕入先などがシーケンシャルな進め方ではなく，パラレルに作業を進め，コミュニケーションよく情報の共有化を図り，協業体制のもとにプロジェクトの完成を目指す．品質の早期作り込みや製造側からのコストダウン提案に効果があり，最近は，CAD をはじめ IT によるスピードアップが図られている．

コンカレントエンジニアリングの概念

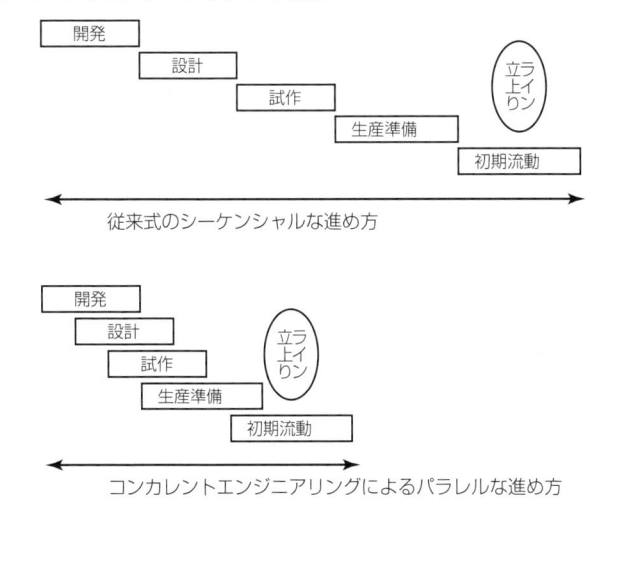

開発 / 設計 / 試作 / 生産準備 / 初期流動 / ライン立上り

従来式のシーケンシャルな進め方

開発 / 設計 / 試作 / 生産準備 / 初期流動 / ライン立上り

コンカレントエンジニアリングによるパラレルな進め方

い．品質にしても，コストにしても，スピードにしても，それを実現するための根本的な考え方が源流管理です．そしてこれまでQFDとか，FMEAとか，DRとか，いろいろな手法や，ITの話が出てきましたが，すべて，源流管理のためのツールといってよいでしょう．スコアカードの下のほうに出てくる作りやすい設計，すなわちDFM（Design For Manufacturability：製造容易性設計）やMP（Maintenance Prevention）情報にしても，さらに原価企画も源流管理のための手法として編み出されたものです」

突然の高橋のアップテンポな声に，純一郎を含めた受講生一同は驚いたように高橋を見上げた．

「それでは皆さん，源流管理の"源流"とは何でしょうか．米島さんでしたか，いかがですか」

いきなりの指名にとまどいながらも，純一郎と同年代と思われる米島が答える．

「……開発ステップを川にたとえて，その川上，源流ということでしょうか」

「そのとおりですが，開発ステップだけでなく，その後の生産，そして販売後の商品の使用や，その後のリサイクルまで考えに入れた商品ライフサイクルの源流というように定義したほうが，より広い視野になります．例えば，スコアカードに出てくる環境適合設計，つまりDFE（Design For Environment）は，リサイクルを考えた設計です．では，源流の"管理"とは，何でしょうか．これまでの話で大体想像がつくと思いますが．米島さん，いかがですか」

「はい，商品ライフサイクルの源流，そして開発ステップの前段階で，品質・コストを作り込む，ということだと思いますが．それとスピードは……」

というところで米島は口ごもる．するとすかさず高橋は助け船を出

すように，1枚のフリップを持ち出した．

「この図2.3を見てください．これは右側の山型のカーブは，商品ライフサイクルのうち，開発から生産までのプロセスで，品質や信頼性にかかわる問題で，どの過程で発見されるかの頻度を示したものです．開発が後段階で問題が頻発すると，なかなか開発が完了にならず，いわゆる手戻りの繰り返しで開発を遅らせる原因になり，著しくスピードを阻害してしまう原因となります．それよりも増して，後工程で問題が発見されそれが設計変更ということになると，それが源流で発見・処置されるよりも，著しく大きなコストを強いられることになります．それが一般的に，1対10対100の原則と呼ばれているもので，源流で発見されれば1で済む変更コストが生産で発見されれば10倍，そして市場に出た場合には100倍，1 000倍もコストがかかるというものです．これを防ぐには，どう

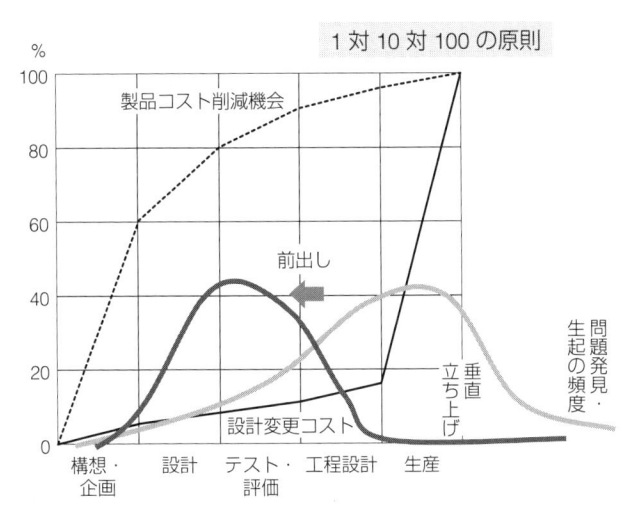

図 2.3 源流管理と問題点の前出し活動の重要性

したらよいでしょうか，皆さん」

すると，複数の受講生から，

「問題の前出し」

という声が発せられた．すると高橋は，ニヤリとしながら言葉を続けた．

「そう，問題あるいは問題点の，なるべく源流段階での前出し活動です．この図でいえば，設計変更の頻度のカーブを左側にシフトさせればよいわけで，それが源流管理です．

さらに源流管理は，奥深い概念をもっています．この図にあるように，製品コストの 70％，80％は開発の段階で決まってしまう，といわれています．製造の段階でコスト改善努力を投じてもせいぜい 20％程度どまりということです．原価企画はまさにこの考え方に基づく，開発段階でのコスト作り込み活動です．

これは品質についても同様で，設計が悪ければいくら品質を改善しても不良はなかなか減らないし，ようやくコストをかけて不良をゼロにしたところで，そのときには，その製品は製造中止になっていたということもあります．例えば DFM は，もともと作りにくい設計であれば，製造時の不良は避け得ないことから，不良を出さない設計をしようという発想です．最近，リサイクルが重要になっていますが，分解容易性や，部品の識別性などリサイクルしやすい設計といった DFE の概念が組み込まれていなければ，リサイクルといっても掛け声倒れになってしまいます．

どうですか，源流管理の重要性が理解いただけたでしょうか」

こう高橋が受講生に念を押すようにゆっくりと語りかけると，一同がうなずいた．純一郎も，すべて理解できたとはいわないまでも，心の中で，「なるほど，源流管理という考え方を徹底していれば，もう少し納入先の満足度も上がって，受注も増えていたのではない

8. 源流管理

か」と心の中で密かに得心し，大きな文字で"源流管理"という言葉を力強くノートに書き込んだ．すると，一人の受講生が高橋に向かって質問した．

「先生，源流管理の重要性は理解できました．少し言いにくいのですが，スコアカードに出てくる，そして今まで解説のあった手法やツールも，こんなもの面倒なだけで必要なのかと内心思っていたのですが，その意味も分かったように思います．ところで，これまでやたらと横文字が出てきたので，源流管理を英語でいうと何になるのでしょうか」

すると，高橋は一瞬，「オッ」というような驚きの顔を見せながら答えた．

「大変，よい質問です．というのも，ものづくりにおいて源流管理の考え方を最初に提起し，実践したのが我が国の製造業だからです．もともと我が国の品質管理は，欧米流の検査で品質を保証するという考え方ではなく，工程をよくすれば検査は必要ないわけですから，"品質は工程で作り込む"という考え方から戦後スタートしました．ところが新商品が続々と登場する時代になると，設計ありきのもとでの工程改善では限界があり，また，間に合わないということに気づき，新商品開発時に品質を作り込む必要性が出てきました．そこで源流管理という言葉とともに，これまで出てきた手法が実践の場で生まれてきたわけです．言い換えれば，1980 年代までに確立された世界に冠たる高品質・高信頼性を支えるもとが源流管理であったと私は考えていますが，皆さんはどう思われますか？

おっと，ご質問を忘れていました．ですから，源流管理はものづくりの我が国のオリジナルであり，1990 年頃欧米がその強さの秘訣に気づいて英訳されましたが，例えば，Do it right at the source. 又は Source management と訳されてますが……」

と言ってホワイトボードに英文を書き込んだ．

「でも，何となく源流管理の思想全体を捉えていないように思いませんか．私の友人でTQMを専門とする米国人学者も同じことを言ってましたね．私自身，源流管理は，ものづくりに限らず，あらゆる仕事をするうえで究極の効率概念だと思っています．

それを生み出し実践できることが，これからもものづくりが我が国経済を支えていくうえでの競争力の源泉だと思います．よろしいですか」

と高橋は念を押すようにいった．これを聞き純一郎はじめ受講生は，中国の台頭に加えてグローバルスタンダードへと，何か今の日本のやっていることがすべて間違いではというような空回りに嫌気に似たものを感じていただけに，自信を回復したような感覚におそわれた．高橋はさらに言葉を続けて，

「ただし，その反面，後で時間があればお話しますが，欧米に比べての弱点もあります．それを克服しない限り，変化の時代の競争に勝つのは難しいのですが……．これは"何を"という視点なんですが……」

一同聞き耳を立てたところで，高橋はあわてたように時計を見て言った．

「だいぶ，話が横道にそれてしまいました．スコアカードに関連した手法に戻りましょう」

9. プロジェクトを確実に進める

「新商品開発を一つのプロジェクトと考えますと，その進捗管理を進めることは当然です．この重要性は，新商品開発スコアカードで，【2.3 設計開発のプロジェクトマネジメントと進捗管理】の項

目で，納期目標や品質目標とその達成へのマイルストーン（道標，節目）を設定しており，それを確実にするための方策や問題回避策も検討することが示されています．

　進捗管理の手法は，皆さんよくご存じの"ガントチャート"と呼ばれる道具がありますね．ここでは，PDPC（Process Decision Program Chart）と呼ばれるちょっと洒落た技法を紹介しましょう．

　プロジェクトの実行計画が予定どおり順調に進むことは皆無でしょう．予期せぬトラブルで軌道修正も多々あるでしょう．できれば，事前に考えられるいくつかの結果を予測してプロセスの進行を望ましい方向に導きたいわけです．もし，トラブルが起こっても，あわてず，その時点から再出発できるよう対応・対策を考えて，流れ図にまとめます．これが，PDPC です．作成手順と例をコラムに示しておきます．（☞コラム 17　PDPC）

　この PDPC の生まれがおもしろいのです．横文字ですので，これも米国産の経営手法かと思いますが，れっきとした国産なのですよ．1968 年，ちょうど，私どもが学生の頃ではないですか？　学園闘争華やかなりし頃，当時の東京大学の近藤次郎博士が東大紛争に直面して，ハテどうしようか？　と問題解決の道筋として図示したものが出発といわれています．今では，新 QC 七つ道具の一つとして広く知られていますね」

10. 試作品の試験評価を進める

　「次に，試作品の試験評価の話をしましょう．技術開発もおおむね進み，量産用の設計も完了しました．さぁ，生産準備に，というとき，本当にこの商品は大丈夫だろうかとしっかり確認しなければ

コラム 17 ▶ PDPC

　PDPC（Process Decision Program Chart）は，目標達成のための実施計画が想定されるリスクを回避して目標に至るまでのプロセスを流れ図に表したものである．

　新商品開発や技術開発などの計画段階で，最終結果までの道筋が読み切れていないときに，考え得る障害とその対応策を順次リストアップし全体像を可視化する．また，計画の進捗途中で精度を上げる場合にも，用いる．実用的には，タテ方向に時間軸（納期）を示すことがある．

PDPC の目的
- 予測可能なリスクの事前検討
- 課題解決への道筋の可視化

PDPC の作成手順

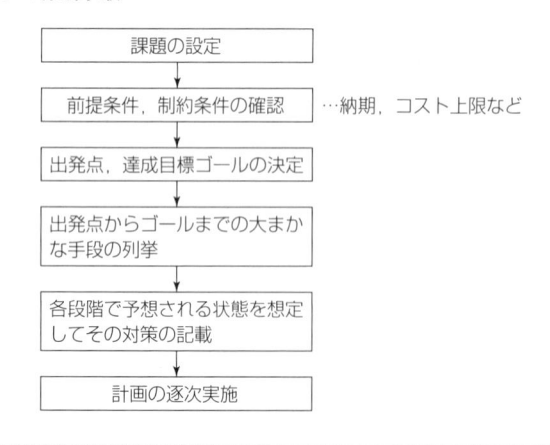

```
┌─────────────────────────┐
│      課題の設定          │
└─────────────────────────┘
           ↓
┌─────────────────────────┐
│ 前提条件，制約条件の確認  │ …納期，コスト上限など
└─────────────────────────┘
           ↓
┌─────────────────────────┐
│ 出発点，達成目標ゴールの決定 │
└─────────────────────────┘
           ↓
┌─────────────────────────┐
│ 出発点からゴールまでの大まかな手段の列挙 │
└─────────────────────────┘
           ↓
┌─────────────────────────┐
│ 各段階で予想される状態を想定してその対策の記載 │
└─────────────────────────┘
           ↓
┌─────────────────────────┐
│     計画の逐次実施        │
└─────────────────────────┘
```

"機械停止時間を短縮する"の PDPC の例

ある製造会社における，穴明け機の停止時間を短縮して，生産性を高めるための PDPC

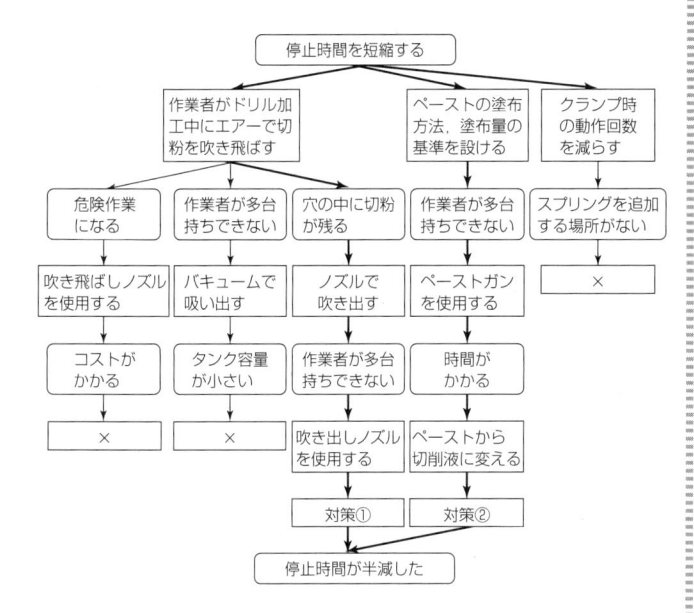

```
                        ┌─────────────────┐
                        │ 停止時間を短縮する │
                        └─────────────────┘
                                 │
      ┌──────────────┬───────────┴─────────┬──────────────┐
┌───────────┐ ┌───────────┐ ┌───────────┐ ┌───────────┐
│作業者がドリル加│ │ペーストの塗布│ │クランプ時│
│工中にエアーで切│ │方法，塗布量の│ │の動作回数│
│粉を吹き飛ばす │ │基準を設ける │ │を減らす │
└───────────┘ └───────────┘ └───────────┘
      │                            │              │
 ┌────┼────┬────┐            │              │
┌─────┐┌─────┐┌─────┐  ┌─────┐  ┌─────┐
│危険作業││作業者が多台││穴の中に切粉│  │作業者が多台││スプリングを追加│
│になる ││持ちできない││が残る   │  │持ちできない││する場所がない │
└─────┘└─────┘└─────┘  └─────┘  └─────┘
   │       │       │          │           │
┌─────┐┌─────┐┌─────┐  ┌─────┐      ×
│吹き飛ばしノズル││バキュームで││ノズルで │  │ペーストガン│
│を使用する  ││吸い出す  ││吹き出す │  │を使用する │
└─────┘└─────┘└─────┘  └─────┘
   │       │       │          │
┌─────┐┌─────┐┌─────┐  ┌─────┐
│コストが ││タンク容量 ││作業者が多台││時間が  │
│かかる  ││が小さい  ││持ちできない││かかる  │
└─────┘└─────┘└─────┘  └─────┘
   │       │       │          │
   ×       ×  ┌─────┐  ┌─────┐
             │吹き出しノズル│  │ペーストから │
             │を使用する  │  │切削液に変える│
             └─────┘  └─────┘
                   │          │
                ┌────┐   ┌────┐
                │対策①│   │対策②│
                └────┘   └────┘
                      │
              ┌─────────┐
              │停止時間が半減した│
              └─────────┘
```

[JIS Q 9024（マネジメントシステムのパフォーマンス改善―継続的改善の手順及び技法の指針）をもとに著者作成．]

市場に出すことができませんね．DRで，FMEAやFTAを使って設計の完成度を高めてきましたが，モノになった段階で，モノの完成度を確認します．出荷時に検査する性能や外観などは当然として，市場でお客様が使い始めてから，トラブルが発生しては大問題です．後者は耐久性に関するものが大半です．耐久性を実験室でシミュレートするわけですが，試験設備の開発や維持が問題になりますね．高額な試験装置をこのために調達することはムリです．そこで，最近注目されているのが各地にある公的試験場や大学の研究施設を活用することです．

全国的には，独立行政法人産業技術総合研究所という産学官連携を進めている機関があります．また，各地に下部機関も多数あります．以前の○○工業試験所です．一見，敷居が高いようですが，相談をドンドンもちかけるべきです．中小企業ではもち得ないような分析装置や試験設備を多数準備しており，技術的なアドバイスもしてくれます．協同研究の手もありますよ．我々の税金で運営されているのですから，公的機関を使わない手はありませんね．

この例は，試作品の試験評価ではないのですが，公的機関をうまく使った話です．ある地方の精密金型を製作しているメーカーに，精密マシンゲージの製作依頼がありました．その精密マシンゲージとは自動変速機製造ラインで使うドラムの計測工具のことです．マシンゲージ自体も，表面に数百ミクロンの振幅でウェーブがあるので，CAD/CAMによるNCプログラムを使って，3次元の難度の高い加工だったそうですが，マシンゲージの本来の機能である測定表示値が正確かどうかを確認する必要があります．

そうです．その精密測定に，地元のテクノセンターにある真円度測定器などの精密測定設備を用いて，0.1ミクロン以下の精度を確認することができ，お客様である依頼先に応えることができたわけ

です．このテクノセンターでは，企業からの依頼で，材料試験，精密測定，非破壊試験を行い，成績書を発行しています．今まで，製作ノウハウがなかったにもかかわらず，公設試験場の機器を利用して，めでたしめでたし，というわけですね．その後，その地方メーカーは金型以外の製品製作を行う総合的な超精密加工メーカーとして事業を伸ばしているそうです．

このように，自力で試験評価ができない場合もあきらめず，公的機関の利用も視野に入れるべきです」

11. 新技術を特許で知る

「さて，そろそろ講義も終わる時間ですね．最後は特許の話です．特許というと，そんなものは大企業のもの，とお思いかもしれませんが身近なことですよ．ほら，皆さんの机の上にあるペットボトル，このボトル入りミネラルウォーターの製法も実は特許ですよ．充填して，キャップを締めるという製法です．へぇーとお思いでしょう．また，ご家庭の洗濯機で，洗濯物がからまないようにする小道具も実用新案ですよ．身近なものも特許や実用新案になって，発案者の権利が保護されているわけです．特許の権利化にはいろいろと面倒な手続きはありますが，せっかく苦労して考え出したアイデアをみすみす競争相手にもっていかれたのでは悔しいですよね．出願してみたいと思うときには，既に特許となっていないか，類似のものはないかと事前に特許情報を検索しておくことが大事です．もっとも，今日のお話は，特許や実用新案を出願する手続きについてというわけではなく，世間にどんなアイデアがあるのかを調べようという話です．公開された特許によって新技術を知ることができます」

純一郎は，特許庁が保有する特許類のデータベースをインターネ

ットで公開していると新聞や雑誌で読んだことを思い出した．検索しても，特許独特の言い回しで専門家でないと理解は難しいとつぶやいた．

　講師は野球バットについてどんな特許があるのかを例に検索方法について説明を始めた．

　「具体的な検索方法は，特許庁"特許電子図書館"というシステムを付録に詳しくまとめておきましたので，ご自宅のパソコンで一度トライしてみてください．もちろん無料ですよ．(☞付録の"特許情報の検索"参照)

　いろいろと解説してきましたが，私の話は限られた時間ですので概要しか紹介していません．テキストの巻末に入手しやすい参考図書をリストアップしていますので，必要なときに，それらの参考書をひもといてください．それでは"新商品開発スコアカードと手法"の講義を終了します．少し休憩してから，ご質問を受けることにしましょう」

　長時間にわたる講義をひとまず終えて，休憩時間になった．
　「いやぁ，久しぶりの座りで腰が痛くなりました……」
　やや頭が薄くなった年配の受講者は，
　「腰も痛いし，頭も痛いわ」
と笑いながら，純一郎に応じた．
　「先生の話はよく分かりました？」
　「そうですね．難しい話題もたくさんありましたね．私の会社は町工場ですから，先生のおっしゃることは頭で理解できても実行が大変ですよ」
　「そうですか，お若いのに．でも，簡単にあきらめるわけにはいきませんな．どこもかしこも親会社は中国，中国といってナダレ現象．ここで，わしら町工場が元気を出さないと日本沈没ですがぁ」

このオヤジさん,大きなことを言うなぁ,と適当な相槌(づち)を打ちながら,純一郎は軽い疲労感を覚えた.タバコに火をつけ,コーヒーを飲みながら,ラウンジの大きなガラス窓から,眼下の暮れゆく町並みをぼんやりと眺めた.ほどなく一服が終わり,もう少しと自らを鼓舞して,教室に戻った.

12. "何を","何に"変えるか

「さて,皆さん,今日一日お疲れさまでした」

主任講師の高橋氏の元気な声で,質問時間が始まった.教壇には高橋氏のほかに若い講師も並び,さながら総合討議の雰囲気である.

「どのような質問でも結構ですよ」

「すみませんが,今日の話で,特にスコアカードで我が社の弱点やレベル,そして何より源流管理の考え方がなかったことを痛感させられました.ところで,シックスシグマという話を聞きますが,これも新商品開発に有効ですか?」

純一郎よりもかなり若いと思われる受講生が質問をした.

すると,高橋は自分自身ではなく,横に並んだ若い講師に質問に答えるように促した.

「はい.まず,ごく簡単にシックスシグマについてお話ししましょう.そして,新商品開発との関連について触れましょう.

シックスシグマとは,1990年代に米国モトローラ社やGE社がリードした品質管理活動の総称です.統計でいうシグマ=ばらつき,といった難しい話は抜きにして,製造品質をはじめ仕事の不良,ミスをppmレベルに激減させようとするものです.日本の大手企業のいくつかも導入を進めているようです.シックスシグマの特徴を簡単に述べますと,①トップダウンによるプロジェクト活動である

こと，②プロジェクトの目標が金額換算されて明確なこと，③専任メンバーがプロジェクトを推進すること，そして，④推進のための標準的なステップが明示されていること，です．質問をなさった方も④のステップを知りたいと思ったのではありませんか？

　活動の標準的なステップとして DMAIC が知られています．これを商品開発と設計に特化した進め方が DFSS と呼ばれています．横文字ばかりですみませんね．コラムも参考にしてください（☞コラム 18　シックスシグマの活動手法）．新商品を開発する際に，最初から ppm レベルをねらった設計を進めることです．源流から品質を作り込むという考えですね．お客様のニーズを踏まえて，品質のダントツさをねらうものです．別に新しい考えではないのですが，ネーミングがよいですね．ここで使われる手法は，管理の第一歩である PDCA であったり，先にお話をした "QFD" などなじみ深いものが中心になっています．答えになったでしょうか」

　若い講師の一気のおしゃべりに圧倒されたかのように，質問者は小声で「はい，ありがとうございました」とお礼を述べた．

　この後，スコアカードや関連した手法への質疑が続いたが，高橋は若い講師に応答を任せてなんとなく所在ない様子で質疑を聞いているだけであった．

*

　しばらくして，講義の中でも時折鋭い質問をしていたことから，なんとなく純一郎が気にしていた米島が意を決したような口調で手を挙げた．

　「私は樹脂の成形加工の下請けをしていますが，やたら親会社が短い納期で試作から量産までいろいろ言ってくるのです．量産品の加工は薄利多売ながら，それなりに安定していたのですが，最近では新商品開発も親会社に振り回されるだけで，受注量自体は減る傾

コラム 18 ▶ シックスシグマの活動手法

シックスシグマ（Six Sigma）の特徴に，活動推進のための標準的なステップとその方策が示されていることがある．そのステップであるDMAICとDFSSについて簡単に記す．

DMAIC

DMAICとは活動のステップを表し，Define（定義）→ Measure（測定）→ Analyze（分析）→ Improve（改善）→ Control（管理）の頭文字をつなげた略称である．製造部門の品質問題や原価低減を進める場合の指針であるが，管理のサイクル"PDCA"（Plan → Do → Check → Act）と同じである．

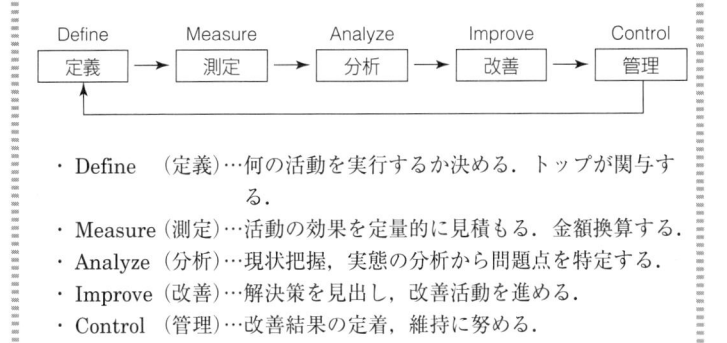

Define 定義 → Measure 測定 → Analyze 分析 → Improve 改善 → Control 管理

- Define　（定義）…何の活動を実行するか決める．トップが関与する．
- Measure（測定）…活動の効果を定量的に見積もる．金額換算する．
- Analyze（分析）…現状把握，実態の分析から問題点を特定する．
- Improve（改善）…解決策を見出し，改善活動を進める．
- Control　（管理）…改善結果の定着，維持に努める．

DFSS

DFSSはDesign for Six Sigmaの略号である．主に，開発設計の段階から品質向上を織り込み，シックスシグマレベル（3.4 ppm，100万個に3, 4個の不良）をねらう活動のことをいう．ステップは，DMAICと同様である場合が多いが，Analyze（分析）のステップで，利用する手法に特徴がある．高度な実験計画法（応答曲面法などの最適化技法）も標準ソフトに装備されている．ロバスト（頑健）設計やパラメータ設計などの品質工学（タグチメソッド）を活用した事例が報告されている．

向にあります．確かに本日の講義で自社の強み・弱みは分かりましたが，その弱みを習った手法で強化することによって今の状況が打破できるのかということが不安で，それが頭から離れません．何か間違っているのでしょうか」

すると今まで黙っていた高橋が立ち上がって答えた．

「いえいえ，間違っているどころか，私が待っていた質問です．ご質問のようにスコアカードの点数を上げることは，事業の方向性やビジョンが明確になっている場合に有効です．そうでない場合，例えば，スコアカードの一番上の大項目の"開発体制"に問題がある場合には，少し違ったアプローチが必要になります．もしよければ，米島さんの不安をもう少し具体的に教えていただけませんか．皆さんにも参考になると思いますが」

すると，米島は少しとまどいながら答えた．

「現状では利幅がありません．そこで，忙しいのですが，儲けの大きい試作品作りに特化しようかと思うのですが……，それも正しい選択かどうか分かりません．とにかく，今日のスコアカードでも自己診断しますと，開発戦略等を除いて必ずしも低いともいえませんが……．何かが悪い，しかしそれが何か，よく分からない，というのが本音です」

これを聞き，純一郎は心の中でハッとした．同じような話を聞いたことがあるぞ．確かこのセミナーを受講するきっかけとなった父の友人の松井の顔が浮かんだ．そしてみるみる顔が紅潮してくるのを純一郎は感じた．

「なるほど．ありがとうございました．たぶん，皆さんの中にも米島さんと同じような悩みを抱えている方もいらっしゃると思います．これを解決するためには，米島さんの言われた"何か"を探し当てることが必要になります．それをスコアカードにあるような一

般的な用語ではなく，各社特有の言葉を使って，です．しかも表層的な問題はたくさんあります．それらは"何か"の何では決してなく，それらの原因である中核問題というのが"何か"に相当します」

高橋がさらに言葉を続けようとしたところで，純一郎が思わず手を挙げて言った．

「先生，それは CRT と呼ばれる方法のことではないですか？」

受講生の視線が純一郎に集まる．高橋もオヤッといった顔をしながら，

「そのとおりです．よくご存じですね．CRT とは，もともとは『ザ・ゴール』で有名なエリヤフ・ゴールドラットの思考プロセスの中の一手法です．実は CRT という言葉はあえて強調しなかったのですが，本日の講義の冒頭にスコアカードの導入の部分でチラッとふれさせていただいたものです．CRT を実施するためには個人レベルではなく企業や事業のキーとなる数人の参加や協力がないと意味がありません．さらに"何を"に相当する中核問題を探した後，"何に"変えるかという経営革新や事業戦略に結びつかないと意味がなく，時間のかかるしんどい仕事です．今日は時間がありませんので簡単に説明しますと……」

このような前置きの後，1 枚のスライド（図 2.4）を映し出した．

「このスライドは，新商品開発の問題に CRT を実際に適用した，中小企業を中心とする数社分をまとめたものです．CRT は，まず UDE と呼ばれる現在感じている問題を複数列挙し，カードに記入し，それらを出発点として，"If 〜, then 〜"ロジックを追求していき，真の原因である中核問題を探して当てるものです．各社の実際の CRT は，このような単純なものではなくまた表現も各社固有のものであり，100 枚以上のカードが展開される例もあります．こ

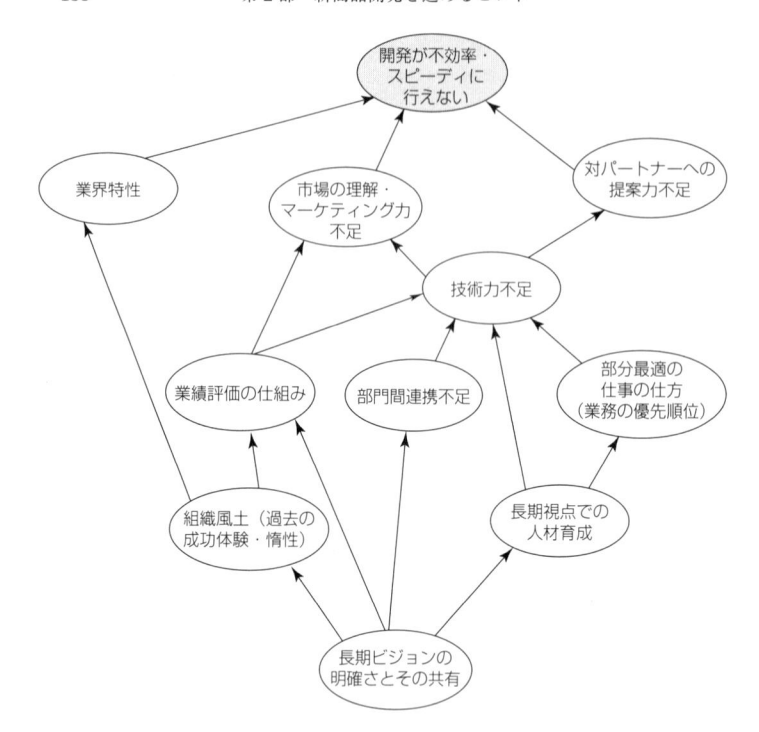

図 2.4 新商品開発における CRT の一般的構造

のツリーは，それらをまとめ込み，さらに大括りな一般的表現に置き換えたものであり，矢印の根本が if 部分で原因であり，矢先が then の結果に相当します．

多くの場合，最初に出てくる UDE は，〈業界特性〉や，〈対パートナーの問題〉，〈技術力〉や〈マーケティング力〉など現象的な事項で，図の上のほうに位置します．しかし原因を追究して中核問題にたどり着くと，それはある企業では〈業績評価の仕組み〉であったり，また別の企業では〈部門間連携不足〉であったりします．そ

してそれらをさらに突き詰めていくと,ここにある〈長期ビジョンの明確さとその共有〉に結びつき,我々は企業を超えたスーパー中核問題と呼んでいます.マネジメントの問題です.皆さんもぜひ,一度お試しになることをお勧めします.即効薬にはならなくても,問題を問題として社内で共有化,最近はやりの言葉でいえば"見える化",可視化することです.さらに真の原因を探り当てるプロセスを皆で経験するわけですから,その解決に向けても一体感を醸し出すことができるメリットがあります」

ここでこの話題を打ち切ろうとしたとき,受講生の一人から質問が発せられた.

「小社の得意先は,とにかく納期直前になっても仕様変更が頻発し,それによって多くの問題を発生させています.問題の根源は顧客側にあるような場合にも,CRT は有効でしょうか.それに実際にやろうと思えば,どのようにすればよいのでしょうか」

「なるほど,最初の点ですが,このスライドにもありますように,新商品開発がうまくいかない原因として,特に業界特性や,納入先等の外部の問題のせいにする傾向がありますが,原因を突き詰めていくと,例えば,大変失礼な言い方ですが,御社に"提案力がない"ことが原因の可能性もありますし,多くの場合,内部に根本的な問題があります.まさに"敵は内部にあり"というのが,これまで多く CRT を手がけてきた私の経験です.2番目の質問ですが,私どもにご相談いただければ,CRT 実施の行司役を務めさせていただきますし,また社内だけで簡便的に行うためのカルタ式 CRT というのもあります.カルタ式については,パンフレットが玄関の展示コーナーに置かれていますので,お帰りの際に参照していただければと思います.それでは終了の時間も近づいてきましたので,CRT の話はこれくらいにして,スコアカードを含めたその他ご質

問があれば，最後に一つだけお受けしたいと思いますが，いかがでしょうか」

*

後方で，若い声の質問があった．

「新商品開発スコアカードの四つの大項目のうち，項目番号【3 開発パフォーマンス】について伺いたいことがあります．《新商品の質，ワクワク度》が気になって仕方ありません．レベル 5 は《既存市場にない市場や得意先に新たな"ワクワク感"を与えるような新商品が開発できている》となっていますね．うちの会社としても目指すべきはレベル 5 だと思っています．しかし，どうすればレベル 5 を実現することができるのか見当がつきません．なにかよい着眼点なり，取り組み方というのはあるのでしょうか？」

受講生の質問に，高橋は一瞬困ったなぁ，という顔つきになったがすぐにニコニコと話を始めた．

「ふむ．よい質問ですね．ご指摘のとおり，今日のセミナーでは，どのようにしてワクワクする新商品を作るかという点については触れませんでした．具体的な取り組み方や方法論については次の機会に詳細に申し上げようと思っていたのですが，せっかくご質問いただいたので簡単にお答えしたいと思います．

既存市場にない，あるいは，新たなワクワク感といっている以上，過去からの延長線上で考えていてもワクワク感を創出することはなかなか困難な場合が多いですね．つまり，既存市場データや既存顧客ニーズばかりに目を奪われていては，ワクワク品質を生み出すことは難しいかもしれません．

さらに難しいことに，顧客自身が，自分がワクワクするための要求品質を知らない可能性があります．それはそうかもしれませんね．今まで自分自身すら気づいていなかった潜在ニーズが満たされるか

12. "何を"，"何に" 変えるか

らこそ，ワクワクするともいえるのかもしれませんからね」

すると，受講生は，

「お客さんに対して質問することによって，ワクワクするための要求品質を抽出しても意味がないということですか？」

と問いかけた．あわてて高橋は，

「意味がないというのはちょっと言いすぎかもしれませんが，顧客側が等身大の回答しかしない，つまり，現実的な地に足が着いた回答しかしない場合，現状の不具合解消を願う声ばかりが集まることが多いのです．一方，"現実的でなくてもかまいませんので，ご自由にお答えください"と質問すれば多少ワクワク品質に近くなるかもしれませんが，実現不可能なとんでもない要求しか得られず，私の経験では結局うまくいかないことが多くありました．もしどうしても顧客に質問するというのなら，目新しい商品が大好きな購買層，いわゆるイノベーター層から要求品質を聞き出して，それを比較的新しい商品が好きな購買層（アーリーアダプターやアーリーマジョリティと呼ばれる顧客）といった追従グループに適用していくというアプローチにするとよいでしょう」

さらに受講生が畳み掛けるように，

「では，お客さんに直接質問して要求品質を抽出するというアプローチをとらないとしたら，どのようなやり方になるのですか？」

高橋もちょっとのつもりが，ずいぶんと熱が入ってきた．

「最も重要な着眼点は，"コトを提供する"という点です．たとえ"モノ"を作る企業の場合でも，その"モノ"でもって，どのような"コト"を提供するのかぜひ考えてみてください．顧客から聞き出して商品の品質を作り込むという視点ではなく，我々が顧客の過ごし方を自ら主体的に考え，その過ごし方に必要な品質を提供していくという視点です」

純一郎は振り返って質問を発した受講生の顔を見た．やや紅潮した彼の顔は真剣さと戸惑いが交錯したような印象であった．

「そのお顔を拝見する限り，分かるような分からないようなという感じですね．コトを提供するために考えるべきことは，次の二つです．まず一つは，"自社商品が，顧客のどのような目的を実現するのか"を決定すること．つまり，自社商品が実現すべき顧客のゴールを定めることです．もう一つは，"自社商品は，その顧客ゴールを，どのようなプロセスで実現するのか"を決定すること．つまり，自社商品を使った顧客のゴール実現過程を，明確にイメージすることです．要するに，自社商品が①どのような顧客のゴールを，②どのようなプロセスで実現するのか，ということを決定します．この二つの決定事項をもとに，QFD を活用します．つまり，商品が応えるべき要求品質，そして，商品がもつべき設計品質を明らかにします」

高橋の話が核心に近づくにつれて，教室内がシーンと静まり返っていくのが感じられた．

「これらの意思決定を支援するツールとして皆さんにご紹介したいものが"スクリプト"です．スクリプトとは，顧客が商品を消費しているプロセスを表現したものです．早い話，"商品を使った過ごし方"ということです．書き方はごく簡単です．商品を使っている様子を，行為の流れとして表現するだけです．

例えば，こちらをご覧ください．これは，ある消費者のバスタイムをスクリプトとして表現したものです（図 2.5）．バスタイムスクリプトに登場する商品として，シャンプー，リンス，トリートメント，ボディソープ，入浴剤などがあげられますが，これら商品はそれぞれ特定の行為に対応しています．スクリプトは，全体として実現すべき何らかの"全体目的"をもっています．事例の場合は，

"リラックスしたい"，"一日の疲れを癒したい"などです．そして，スクリプトを構成する個々の行為は，全体目的を実現するのに必要な"部分目的"をもっています．つまり，スクリプトに登場する各商品は，スクリプト全体から見れば，部分目的を担っているにすぎません．

　最も存在感のある商品とは，スクリプト全体目的に対して直接貢献する商品でしょう．全体目的が複数の部分目的から構成される場合，ウエイトの高い部分目的を一つでも多く満たすことが，存在感のある商品の条件となるでしょう．現状の消費スクリプトが分かれば，①自社商品がスクリプト中のどの行為とどの行為に対応しているのか，②今後，自社商品がさらにスクリプトにおける存在感を増すためには，どこまでの役割を担うべきか，つまり，どこまでの行為に対応すべきか，という意思決定を効果的に行うことができます．スクリプトにおける新商品の役割が決定されれば，その役割を果たすのに必要な品質設計を正しく行うことができるでしょう」

　高橋は一息ついて，

「先ほど，最も重要な着眼点は，"コトを提供すること"であると申し上げました．これはつまり，我々が実現すべきスクリプトを戦略的に設計するということです．製品カテゴリ志向でQFDを用いた場合，例えばシャンプー商品に注目される要求品質として，"汚れをきちんと落とす"，"髪がキシキシしない"，"泡立ちがよい"，"香りがよい"などがあげられます．しかし，今日，これらは競合銘柄に対して劇的な差別的優位性をもたらすものではありません．真に競争優位な商品を創造するためには，製品カテゴリ志向ではなく，スクリプト志向の立場から，自社商品が担うべき行為を定めていくことによって，今までにないワクワク品質を作り出すことが重要です」

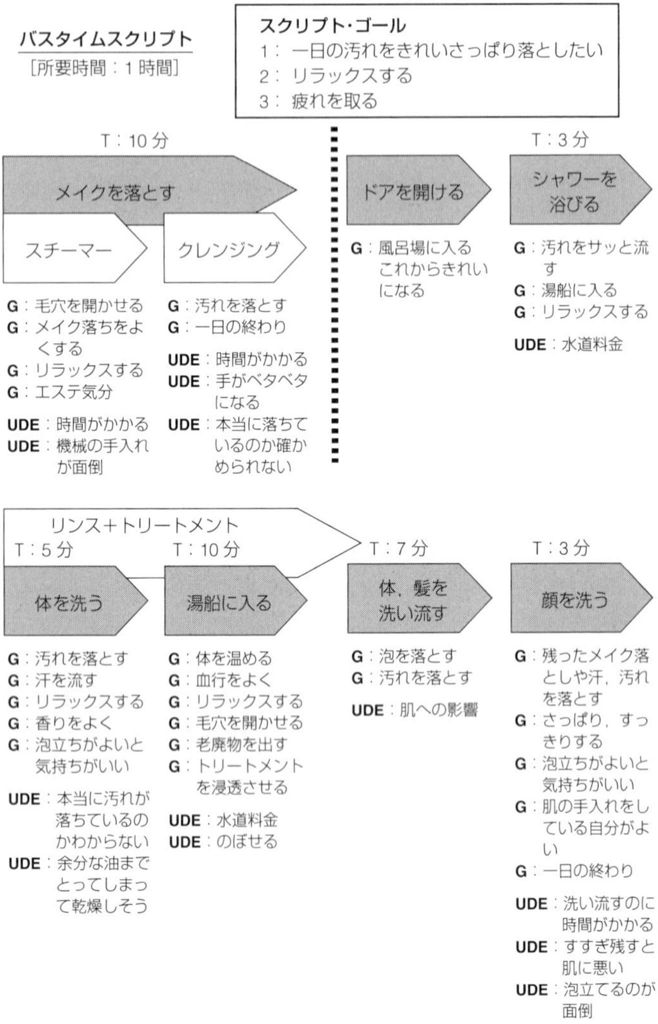

第2部 新商品開発を進めるヒント

バスタイムスクリプト
[所要時間：1時間]

スクリプト・ゴール
1：一日の汚れをきれいさっぱり落としたい
2：リラックスする
3：疲れを取る

T：10分
メイクを落とす

スチーマー
- G：毛穴を開かせる
- G：メイク落ちをよくする
- G：リラックスする
- G：エステ気分
- UDE：時間がかかる
- UDE：機械の手入れが面倒

クレンジング
- G：汚れを落とす
- G：一日の終わり
- UDE：時間がかかる
- UDE：手がベタベタになる
- UDE：本当に落ちているのか確かめられない

ドアを開ける
- G：風呂場に入る これからきれいになる

T：3分
シャワーを浴びる
- G：汚れをサッと流す
- G：湯船に入る
- G：リラックスする
- UDE：水道料金

リンス＋トリートメント
T：5分　　　T：10分
体を洗う　**湯船に入る**

- G：汚れを落とす
- G：汗を流す
- G：リラックスする
- G：香りをよく
- G：泡立ちがよいと気持ちがいい
- UDE：本当に汚れが落ちているのかわからない
- UDE：余分な油までとってしまって乾燥しそう

- G：体を温める
- G：血行をよく
- G：リラックスする
- G：毛穴を開かせる
- G：老廃物を出す
- G：トリートメントを浸透させる
- UDE：水道料金
- UDE：のぼせる

T：7分
体，髪を洗い流す
- G：泡を落とす
- G：汚れを落とす
- UDE：肌への影響

T：3分
顔を洗う
- G：残ったメイク落としや汗，汚れを落とす
- G：さっぱり，すっきりする
- G：泡立ちがよいと気持ちがいい
- G：肌の手入れをしている自分がよい
- G：一日の終わり
- UDE：洗い流すのに時間がかかる
- UDE：すすぎ残すと肌に悪い
- UDE：泡立てるのが面倒

図 2.5 スクリプト

12. "何を", "何に"変えるか

凡例
G ： 各イベントごとのサブゴール
UDE ： 発生する不具合

T：10分 湯船に入る

- **G**：体を温める
- **G**：血行をよく
- **G**：リラックスする
- **G**：毛穴を開かせる
- **UDE**：水道料金

T：5分 シャンプーする

- **G**：汚れを落とす
- **G**：リラックスする
- **G**：香りをよく
- **G**：泡立ちがよいと気持ちがいい
- **G**：リンスの工程に進む
- **G**：一日の終わり
- **UDE**：肌への影響
- **UDE**：洗った後きしむ

T：2分 リンス＋トリートメント

- **G**：しっとりさせる
- **G**：まとまりをよくする
- **G**：ダメージケア
- **G**：シャンプーではがれた髪をコートする
- **G**：髪をいたわっている自分がよい
- **G**：香りをよく
- **UDE**：皮膚への影響
- **UDE**：手がヌルヌルする
- **UDE**：本当に髪に浸透しているのかわからない

T：5分 湯船に入る

- **G**：体を温める
- **G**：湯冷めしないように
- **G**：入浴剤の効果を高める
- **G**：リラックスする
- **UDE**：お湯が冷めてくる→ガス料金
- **UDE**：皮膚がふやける
- **UDE**：のぼせる

T：5分 ボディオイルを塗る

- **G**：肌を乾燥させない
- **G**：肌をしっとりさせる
- **UDE**：手がヌルヌルする
- **UDE**：体がテカテカする
- **UDE**：塗った後タオルや服についていそう
- **UDE**：コストがかかる

T：5分 体を拭く

- **G**：服を着る
- **G**：水気を取る
- **UDE**：

[出典 加藤雄一郎(2004)：ブランドTQM―ブランドクオリティ開発に向けたTQMの導入, クオリティマネジメント, 2004年2月号, 日本科学技術連盟]

表現例

先ほどの若い受講生が，

「なんとなくですが，分かったような気がします．ただ，私の仕事は，B to B（親会社との取引）なのですが……」

「B to B の場合も基本的には同じです．顧客が企業の場合，書くべきスクリプトは，顧客企業の担当者の業務プロセスです．限りなく，業務プロセス分析に近づいていくことになります」

高橋から予期した以上の回答を聞いて，その受講生は，

「はぁ，なかなか面白そうですね……．今後，スクリプト志向のワクワク品質設計について，お話を聞く機会はありますか？」

高橋は，にっこり微笑んで，

「はい．きっとあると思います．ぜひ楽しみにしていてください」
と締めくくった．

*

その後，質問がないことを確認し，高橋は次のような言葉でセミナーを閉会した．

「皆さん，本日はご苦労様でした．本日紹介したスコアカードで新商品開発プロセスの強み・弱みを把握され，特にレベルアップのために手法やツールを駆使していただきたいと思います．そしてその本質は源流管理にあることを忘れないでください」

ここで少し間をおいて言った．

「ところで皆さん，源流管理が我が国の強みであるとお話ししたときに，弱点について触れたのを覚えていらっしゃいますか．そう，それは，質疑の最後に出てきた"何を"，"何に"変えるべきかという視点です．明確な目標のもとではさほど重要ではありませんが，現在のように企業が取り巻く環境がどんどん変化する状況では，経営者にこの視点がない限り生き残れません．皆さんよくご存じのように，毎年，スイスの国際経営研究所（IMD）から世界の競争力

ランキングが発表されますが,我が国は技術力は毎年トップの水準にあります.しかしながら,全体の競争力ランキング,すなわち総合順位は,バブル崩壊後急激に順位を下げ2002年には27位にまでなりました.その後順位を上げ2006年には17位となっていますが,我が国の弱点とされているのは,技術経営力やトップのマネジメント力です.せっかく他国にはない技術と現場の改善力をもっているのだから,これを活かして経営成果に結びつけるマネジメント,技術経営が要求されているわけです.この課題を克服するためには,経営者一人ひとりが"何を","何に"というビジョンを明確にし,かつそれを組織として共有することが一番大切なことと思います.この言葉をもってセミナーを終了させていただきます」

エピローグ

セミナー終了後も,質問に集まった受講生が高橋を囲んでなかなかその輪が解けなかった.中にはCRTの実施を高橋にその場で依頼する受講生もいた.

純一郎がその輪から離れ,一刻も早く父一郎に報告しようとエレベータに近づこうとしたとき,背後から米島が追いかけてきて純一郎に声をかけた.

「米島といいます.よろしく.少しいいですか? CRTについてですけど,高橋先生がそれを言う前に言い当てましたね.もう実施された経験がおありですか」

「いえいえ.私は阿部といいます.父の友人の会社が高橋先生のもとでやってうまくいって,その友人から私の会社,あっ失礼,父の会社でもやってみることを勧められている,という話を聞いたものですから.ですが,父はもともと慎重派で,かつCRTの実施には手間暇がかかるということで,とりあえず私に本日のセミナーに

参加させたという次第です」

「そうですか．阿部さんも2代目ですか．私もそうです．3年前に父が突然引退し，会社を継いだのですが，その前は業種も異なる大企業の技術者でした．いきなり経営者という立場に立たされて，最初は無我夢中でした．最近，落ち着いたところで会社全体を見渡す余裕ができ，新商品開発のところが何かおかしい，ということで本日のセミナーに参加しました．スコアカードや手法はずいぶん勉強になりました．ぜひ，部門全員にスコアカードを使って自己評価させ，そのギャップやメンバーの知識レベルを確認してみようと思っているところです．そして私自身は，"何を"，"何に"変えるか，ということにもチャレンジしてみようと思っています」

「私自身は，CRTを実施するために早速父を説得するとともに，父の友人の会社，松井印刷というのですが，その社長に少し詳しい話を聞いてみようと思っていたところです．米島さんのところと業種も全然違うことですし，よかったらご一緒しませんか」

「それはありがたい．どうですか．今日一日大変有意義でしたが，いささか疲れました．疲れをとりさらに有意義な一日にするために，一杯やっていきませんか．近くに私の知っているいい店があるんですよ」

　二人は意気投合して，暮れ始めた街に向かってセミナー会場を後にした．

〈付録〉特許情報の検索

特許庁が無料で提供している特許電子図書館(IPDL)において特許情報を検索し,閲覧することができる.ここでは,特許をはじめ,実用新案,商標,意匠等の情報を調査,閲覧する方法を紹介する.

1. 特許電子図書館(IPDL)に接続する

URL は,http://www.ipdl.ncipi.go.jp/homepg.ipdl である.

(1)

2. 公報テキスト検索を行う

トップページ (1) の特許・実用新案検索へでリストアップされている項目のうち,公報テキスト検索を選択 (2) しクリックすると,公報テキスト検索のページとなる (3).

ここで,検索項目選択を要約+請求の範囲,出願日,出願人,発明者などにし,調べたい特許のキーワード等を入力することによって,検索をすることができる.

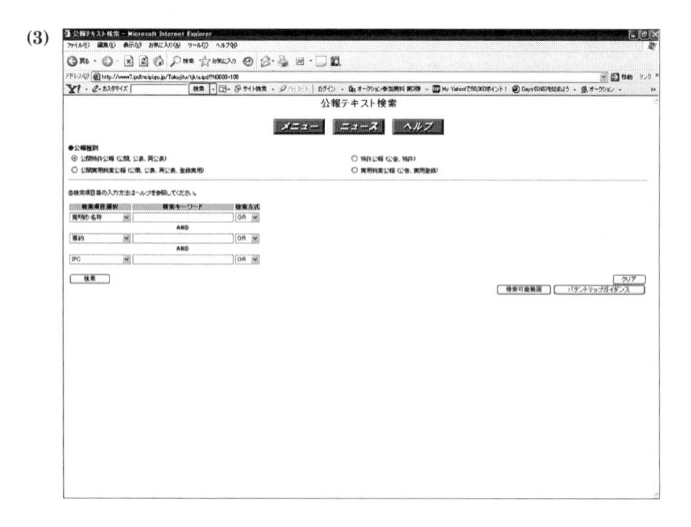

150　第2部　新商品開発を進めるヒント

(2)

(3)

付録　特許情報の検索

　キーワードの入力には，検索したい"語句"（例えば課題や解決手段を表す用語）の①同義語や上位概念の言葉を入れること，②その表記について漢字と平仮名，大文字と小文字等，複数があげられそうなものはすべて入れることが必要である (4)．一つの用語に対して多様な表現が用いられているので，それらをできる限り網羅することでより多くの情報が該当するようになる．

　キーワード等の入力後，検索を押すと結果が記される (5)．該当件数が500件以下になると一覧表示が可能になり，一覧表示をクリックすると発明の名称のリストが記された一覧のページとなる (6)．そして，番号をクリックするとその特許の内容が確認できる (7)．

　不明な点についてはヘルプを参照するとよい．

(4)

(5)

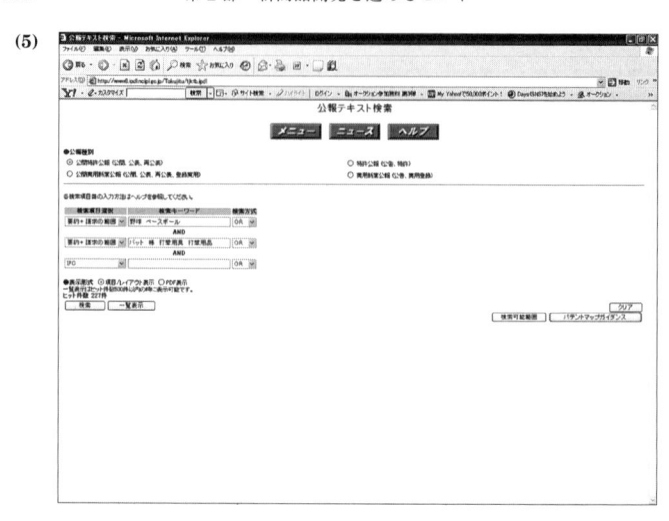

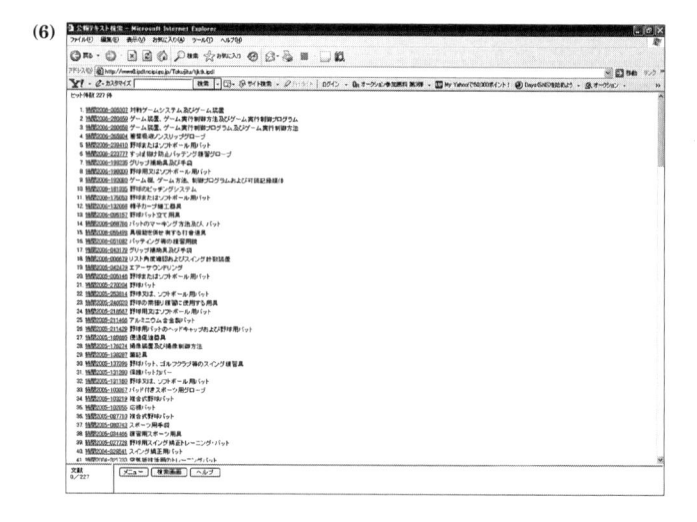

(6)

付録　特許情報の検索

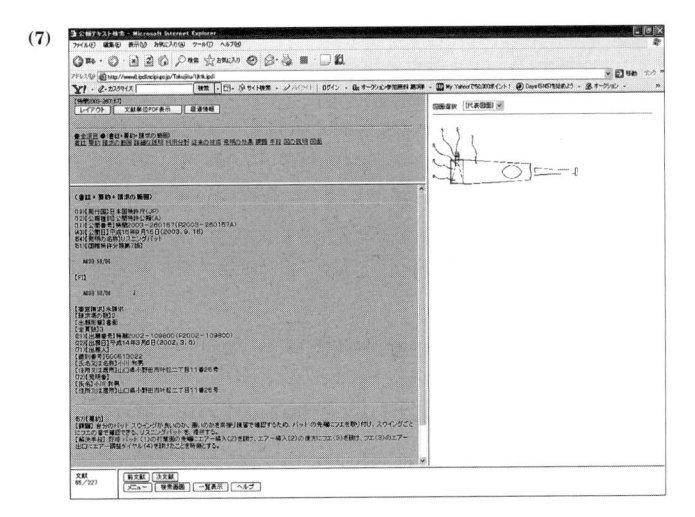

(7)

3. 特許権が成立しているものを調べたい，又は実用新案を調べたい

公報テキスト検索は，公開特許公報の範囲を調べるように初期設定がされている．特許権が成立しているものの公報である特許公報や，実用新案に関する公報である公開実用新案公報及び実用新案公報の範囲を調べたいときは，(3) のページなどの公報テキスト検索時に公報種別を適宜選択する．

4. より正確な検索をしたい（IPC を使う場合）

キーワード検索だけでは，必要な情報に漏れがあったり，不必要な情報が含まれていたりする．その精度を高めるためには，特定の技術分野の情報だけ集めることが重要である．技術分野の分類をしたものに，IPC（国際特許分類）のほか，FI（ファイルインデックス），F ターム（File Forming Term）がある．IPC 等は英文字と数字で表される．ここでは IPC の使い方の一例について紹介する．

2. の公報テキスト検索で調査した公報と同じ技術分野の情報を知りたいときには，IPC が同じであることを利用する．まず，そこに記載されてい

る IPC を確認する．例えば，"A 63B 59/06" といった表記である．この表記が何を意味しているのかを知るには，トップページ (1) から特許・実用新案検索への パテントマップガイダンス（PMGS） をクリックする．(8) の画面が現れたら，●照会の IPC 照会に IPC を入力し， 照会 をクリックする．"野球，ラウンダー，又は類似のゲーム用のバット，ラケット等" という技術分野を意味していることが分かる (9)．

複数の IPC が記載されている場合には，このようにしてふさわしい IPC を調査し，そのふさわしい IPC をもって再度公報テキスト検索を行うことによって，精度の高い検索ができるようになる．

5. 知りたい特許の文献番号が分かるとき，又は特許情報の PDF ファイルが欲しいとき

あらかじめ欲しい特許情報の公開番号等の文献番号を公報テキスト検索等で調べておく．そのうえで，トップページ (1) から 特許・実用新案公報DB を選択する．すると，(10) のページになるので，書式の例に従い文献番号を入力し， 文献番号照会 をクリックすると (11) のページとなる．ここで，文献番号をクリックすると右側に特許情報が表示される．

(8)

付録　特許情報の検索　　155

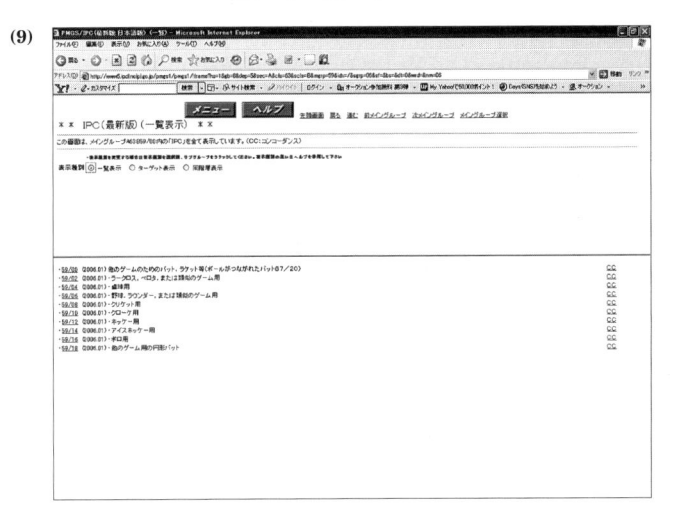

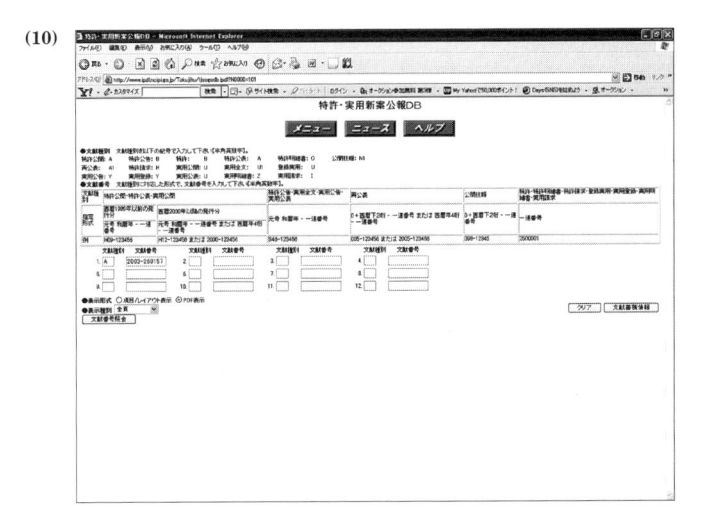

(9) [screenshot: PMGS/IPC（最新版:日本語版）（一覧）画面]

(10) [screenshot: 特許・実用新案公報DB画面]

(11)

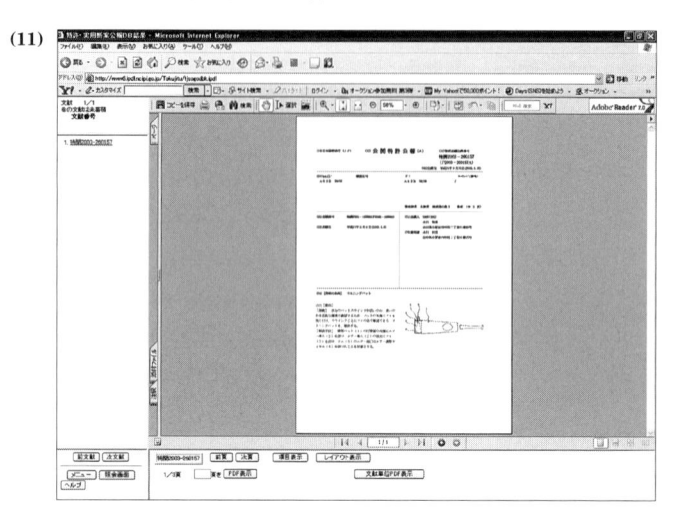

(注) □はボタン又はドロップダウンリストを表し，＿＿はページの記載文字であることを表している．

<参考文献等>

・経済産業省特許庁(2004)：『産業財産権標準テキスト　特許編』，発明協会
・久保浩三(1999)：『図解　公開特許活用法』，日刊工業新聞社
・特許電子図書館のホームページ：http://www.ipdl.ncipi.go.jp/homepg.ipdl

参 考 文 献

第1部 経営革新の中核問題

[1] エリヤフ・ゴールドラット著, 三本木亮訳(2001)：ザ・ゴール―企業の究極の目的とは何か, ダイヤモンド社
 ▷本書のモデルとなったビジネス小説. 経営危機・工場閉鎖に直面した工場長が工場再生に立ち向かう.

[2] エリヤフ・ゴールドラット著, 三本木亮訳(2002)：ザ・ゴール2―思考プロセス, ダイヤモンド社
 ▷[1]の続編. グループ会社の経営危機を救うための具体的な方法が紹介される.

[3] 圓川隆夫(2000)：TOCの全体体系とその本質―「ザ・ゴール」と「イッツ・ノット・ラック」―, 品質管理, 2000年6月号, 日科技連出版社
 ▷当誌特集「TOC（制約理論）とTQM」の一編. [4]も同様.

[4] 鷲谷和彦・石川信一郎(2000)：思考プロセスを適用した全体最適化と方針管理への展開, 品質管理, 2000年6月号, 日科技連出版社

[5] 宮田知明(2003)：松井社長の開眼, クオリティマネジメント, 2003年12月号, 日科技連出版社
 ▷当誌特集「思考プロセスによる新商品開発・経営改革」の一編. [6]〜[8]も同様.

[6] 鷲谷和彦(2003)："部分最適"を"全体最適"に変えるCRTを用いた経営革新, クオリティマネジメント, 2003年12月号, 日科技連出版社

[7] 圓川隆夫(2003)：新商品開発の中核問題の一般化とFRT, クオリティマネジメント, 2003年12月号, 日科技連出版社

[8] 新倉孝昭・本間信次(2003)：ビジョン共有による新製品設計業務の知的生産性向上, クオリティマネジメント, 2003年12月号, 日科技連出版社

[9] 内山春幸・中井洋子(2003)：会社が変われない本当の理由―TOC思考プロセス実践ストーリー, 東洋経済新報社
 ▷TOC（制約条件の理論）の解説を機械メーカーの再建小説で紹介. 日本版ザ・ゴール.

[10] H.W. Dettmer (1997): Goldratt's Theory of Constraints, ASQ Quality Press
　▷エリヤフ・ゴールドラットの思考プロセスの詳細な解説書．
[11] 入倉則夫・石川信一郎・圓川隆夫(2004)：CRT の実践的手順化による新商品開発の中核問題の探索，品質，Vol.34, No.1, 日本品質管理学会
　▷本書で紹介する CRT の実践的手順の提案と，企業での実施を通した有効性を示した学術論文［(社)日本品質管理学会 2004 年度品質技術賞受賞論文］．

第 2 部　新商品開発を進めるヒント

[12] 中部産業連盟編，吉原靖彦・真部助彦著(2002)：まるごと 1 冊　新商品・新事業開発大事典，日刊工業新聞社
　▷まるごと 1 冊シリーズの一つ．手法，ノウハウが網羅的に分かりやすい．
[13] 橋爪大三郎・今野浩編，圓川隆夫・安達俊行著(1997)：製品開発論，日科技連出版社
　▷コンカレントエンジニアリングなどが分かる．
[14] 大藤正・小野道照・赤尾洋二(1990)：品質展開法 (1), 日科技連出版社／大藤正・小野道照・赤尾洋二(1994)：品質展開法 (2), 日科技連出版社
　▷新製品開発の品質確保について品質機能展開の活用法が分かる．
[15] 菅野文友・山田雄愛編(2001)：おはなしデザインレビュー［改訂版］，日本規格協会
　▷おはなしシリーズの一つ．これ以上平易なテキストはない．
[16] 小野寺勝重(1998)：グローバルスタンダード時代における実践 FMEA 手法，日科技連出版社
　▷事例が多く，しっかりとしたテキスト．
[17] 小野寺勝重(2000)：国際標準化時代の実践 FTA 手法，日科技連出版社
　▷[5] の姉妹書．事例が多い．
[18] 入倉則夫(2003)：CRT と新商品開発のための簡易ベンチマーキング，クオリティマネジメント，2003 年 12 月号，日科技連出版社

▷新商品開発スコアカードの紹介.
[19] 青木保彦・三田昌弘・安藤紫(1998)：シックスシグマ―品質立国ニッポン復活の経営手法, ダイヤモンド社
　▷シックスシグマの概念の紹介. トップダウン型の管理手法であることが分かる.
[20] 藤本隆宏(2001)：生産マネジメント入門 II　生産資源・技術管理編, 日本経済新聞社
　▷充実した教科書. 製品開発の戦略, 組織づくりなどが分かる.
[21] 鈴木和幸(2004)：未然防止の原理とそのシステム, 日科技連出版社
　▷品質問題の未然防止について組織的な対応と手法を系統的に記述.
[22] 入倉則夫・圓川隆夫(2005)：新商品開発のためのスコアカードとその活用法の提案, 品質, Vol.35, No.4, 日本品質管理学会
　▷第 2 部の骨格を与えている新商品開発スコアカードの有効性を検証した学術論文 [(社)日本品質管理学会 2006 年度品質技術賞受賞論文].

主な公設機関のホームページ

産業技術総合研究所	http://www.aist.go.jp/
製品評価技術基盤機構	http://www.nite.go.jp/
中小企業庁	http://www.chusho.meti.go.jp/
中小企業基盤整備機構	http://www.smrj.go.jp/
特許庁	http://www.jpo.go.jp/indexj.htm
特許電子図書館	http://www.ipdl.ncipi.go.jp/homepg.ipdl

索　引

アルファベット

and の関係　30
BCG　100
Categories of Legitimate Reservation　23
CE　121
Concurrent Engineering　121
Core Problem　40
CRD　19
CRL　23
CRT　17, 19, 137
　──の作成ステップ　38
CS　87, 89
Current Reality Tree　17, 19
Customer Satisfaction　87, 89
Design For Environment　82
Design For Manufacturability　82
Design Review　116, 118
DFE　82, 122
DFM　82
DFSS　134, 135
DMAIC　134, 135
Do it right at the source　125
DR　116, 118
Failure Mode Effects Analysis　112
Fault Tree Analysis　114
FMEA　110, 112
　──の解析手順　112
FRT　19, 50, 56
　──による検証　58
FTA　110, 113, 114
　──の解析手順　114
Future Reality Tree　50
IMD　146
KJ法　25
Maintenance Prevention　83
MP　83
or の関係　31
PDCA　135
PDM　83
PDPC　127, 128
PLM　119
PPM　100
Process Decision Program Chart　127, 128
Product Data Management　83
Product Portfolio Management　100
PRT　19
QFD　104, 106
Quality Function Deployment　104, 106
road map　103
Root Cause　40
SC　87
Six Sigma　135

Source management　125
Standard for the Exchange of Product Data Model　83
STEP　83
SWOT 分析　96, 98
S-W 分析　98
Theory of Constraints　19
Thinking Process　19
TOC　19
TT　19
UDE　24, 39
　── の系統群　33
　── のツリー展開　30, 31, 32
Undesirable Effect　24

あ 行

アーリーアダプター　141
アーリーマジョリティ　141
移行ツリー　19
イノベーター　141
因果関係の有無　22, 23
因果関係の逆転　23
因果関係を考えるポイント　22
エリヤフ・ゴールドラット　19
お客様第一　89

か 行

カルタ　60, 69
　── による連想　64
　── のメリット　66
環境適合設計　82, 122
管理のサイクル　135
企画品質設定表　108
競合分析　100
系統ツリーの連結　35, 36
原因の追加　22, 23
原因の不十分性　22, 23
現状製品の充足度　108
現状問題構造ツリー　17, 19
源流管理　120
顧客満足　86, 87, 89
コンカレントエンジニアリング　121
根本原因　18, 40

さ 行

3H　117
思考プロセス　19
市場分析　101
シックスシグマ　133, 135
新商品開発スコアカード　77, 78, 79, 87
　── と業務プロセス　95
　── の構造　88
　── のねらい　86
　── の例　92
新商品開発の成功カーブ　97
親和図法　25
スーパー中核問題　48
スクリプト　142
　── 表現例　144, 145
ステートメント　29
正当な異議理由のカテゴリー　23
製品情報管理　83
製品分析　100

制約理論　19
設計品質設定表　108
実体性の存在　23
全体最適　49
前提条件ツリー　19

た 行

対症療法　18
対立解消図　19
中核問題　18, 19, 40
注入カード　29
重複した表現　23
デザインラショナーレ　82
デザインレビュー　116, 118
特許情報の検索　149
特許電子図書館　149

な 行

二元表　104
望ましくない結果　24

は 行

バランスト・スコアカード　89
品質機能展開　104, 106
品質賞の審査基準　37
品質特性展開表　104
品質表　104, 106
　——の作成手順　108
ファシリテーター　38, 61

副作用　40
部分最適　49
ブレークスルー案　19, 54
プロダクト・アウト　87
プロダクトポートフォリオマネジメント　100
プロダクトライフサイクルマネジメント　119
フロントローディング　82
ベストプラクティス　91
ベンチマーキング　91
ポジショニング分析　109
ボストン・コンサルティング・グループ　100

ま 行

マーケット・イン　87, 89
未来問題構造ツリー　19, 50
明快性　23
問題の前出し　124

や 行

要求品質展開表　104
予測される結果の存在　23

ら 行

ラベル　40
ロードマップ　103

編著者

圓川　隆夫　東京工業大学大学院社会理工学研究科経営工学専攻教授
入倉　則夫　株式会社デンソー経営企画部 TQM 推進室主幹
鷲谷　和彦　寿精版印刷株式会社代表取締役社長

おはなし新商品開発
―事例で分かる CRT や新商品開発スコアカードの威力！―

定価：本体 1,700 円（税別）

2007 年 1 月 15 日　　第 1 版第 1 刷発行

編　　著　圓川隆夫・入倉則夫・鷲谷和彦
発 行 者　島　　弘志
発 行 所　財団法人 日本規格協会
　　　　　〒107-8440　東京都港区赤坂 4 丁目 1-24
　　　　　　　　　　　http://www.jsa.or.jp/
　　　　　　　　　　　振替　00160-2-195146
印 刷 所　株式会社ディグ
製　　作　有限会社カイ編集舎

© T. Enkawa, N. Irikura, K. Washitani, 2007　　Printed in Japan
ISBN978-4-542-90279-4

当会発行図書，海外規格のお求めは，下記をご利用ください．
　カスタマーサービス課：(03)3583-8002
　書店販売：(03)3583-8041　　注文 FAX：(03)3583-0462
編集に関するお問合せは，下記をご利用ください．
　書籍出版課：(03)3583-8007　　FAX：(03)3582-3372

おはなし科学・技術シリーズ

新おはなし品質管理　改訂版
田村昭一　著
定価 1,260 円(本体 1,200 円)

おはなし新 QC 七つ道具
納屋嘉信　編
新 QC 七つ道具執筆グループ　著
定価 1,470 円(本体 1,400 円)

おはなしデザインレビュー　改訂版
菅野文友・山田雄愛　編
定価 1,260 円(本体 1,200 円)

おはなし統計入門
森口繁一　著
定価 1,223 円(本体 1,165 円)

おはなし方針管理　改訂版
田村昭一　著／ウノタツオキ　絵
定価 1,528 円(本体 1,456 円)

おはなしマーケティング
長沢伸也　著
定価 1,470 円(本体 1,400 円)

多種少量生産のおはなし
千早格郎　著
定価 1,050 円(本体 1,000 円)

おはなし統計的方法
永田　靖　著著
稲葉太一・今　嗣雄・葛谷和義・山田　秀　著
定価 1,575 円(本体 1,500 円)

おはなし信頼性　改訂版
斉藤善三郎　著
定価 1,260 円(本体 1,200 円)

おはなし品質工学　改訂版
矢野　宏　著
定価 1890 円(本体 1,800 円)

おはなし MT システム
鴨下隆志・矢野耕也・高田　圭・高橋和仁　共著
定価 1,470 円(本体 1,400 円)

おはなし生産管理
野口博司　著
定価 1,365 円(本体 1,300 円)

おはなし経済性分析
伏見多美雄　著
定価 1,470 円(本体 1,400 円)

おはなし OR
森村英典　著　村井　滉・絵
定価 1,365 円(本体 1,300 円)

おはなし VE
土屋　裕　他著
定価 1,260 円(本体 1,200 円)

おはなし IE
古川　光　著
定価 1,260 円(本体 1,200 円)

おはなし TPM
赤岡　純　著
定価 1,426 円(本体 1,359 円)

PL のおはなし
(株)住友海上リスク総合研究所
大川俊夫　著
定価 1,223 円(本体 1,165 円)

JSA 日本規格協会　http://www.jsa.or.jp/

おはなし科学・技術シリーズ

おはなし生理人類学
佐藤方彦 著
定価 1,890 円(本体 1,800 円)

快適さのおはなし
宮崎良文 編著
定価 1,155 円(本体 1,100 円)

おはなしファジィ
西田俊夫 編
定価 1,325 円(本体 1,262 円)

おはなしモチベーション
近藤良夫 編
定価 1,575 円(本体 1,500 円)

安全とリスクのおはなし
向殿政男 監修／中嶋洋介 著
定価 1,470 円(本体 1,400 円)

おはなし人間工学
菊池安行 著
定価 1,050 円(本体 1,000 円)

感性工学のおはなし
長町三生 著
定価 1,630 円(本体 1,553 円)

五感のおはなし
松永 是 著
定価 1,260 円(本体 1,200 円)

湿度のおはなし
稲松照子 著
定価 1,575 円(本体 1,500 円)

単位のおはなし 改訂版
小泉袈裟勝・山本 弘 共著
定価 1,260 円(本体 1,200 円)

続・単位のおはなし 改訂版
小泉袈裟勝・山本 弘 共著
定価 1,260 円(本体 1,200 円)

はかる道具のおはなし
小泉袈裟勝 著
定価 1,260 円(本体 1,200 円)

計測のおはなし
矢野 宏 著
定価 1,365 円(本体 1,300 円)

誤差のおはなし
矢野 宏 著
定価 1,575 円(本体 1,500 円)

強さのおはなし
森口繁一 著
定価 1,575 円(本体 1,500 円)

硬さのおはなし 改訂版
寺澤正男・岩崎昌三 共著
定価 1,365 円(本体 1,300 円)

化学計測のおはなし 改定版
間宮眞佐人 著
定価 1,260 円(本体 1,200 円)

温度のおはなし
三井清人 著
定価 1,260 円(本体 1,200 円)

JSA 日本規格協会 http://www.jsa.or.jp/